KB080003

힙스터에
주의하라

힙스터에
주의하라

n+1 지음 / 최세희 옮김

마티

국립중앙도서관 출판시도서목록(CIP)

힙스터에 주의하라 / n+1 지음, 최세희 옮김
– 서울 : 마티, 2011
p.280; 127×205mm

원표제: What was a hipster?
원저자명: n+1
영어 원작을 한국어로 번역
ISBN 978-89-92053-45-7 03900 : ₩14,500

사회집단[社會集團]

331.2-KDC5
302.4-DDC21   CIP2011002306

힙스터에 주의하라

《n+1》지음 l 최세희 옮김

WHAT WAS A HIPSTER? A Sociological Investigation
Copyright© 2010, n+1 Foundation, Inc.
All rights reserved.

This Korean translation published by arrangement with n+1 Foundation, Inc. c/o
The Wylie Agency (UK) through Milkwood Agency.

초판 1쇄 인쇄 2011년 6월 7일
초판 1쇄 발행 2011년 6월 13일

발행처 · 도서출판 마티 l 출판등록 · 2005년 4월 13일 l 등록번호 · 제2005-22호
편집 · 이창연 l 마케팅 · 오주형 l 디자인 · 이원재
주소 · 서울시 마포구 서교동 481-13번지 2층 (121-839)
전화 · 02. 333. 3110 l 팩스 · 02. 333. 3169 l 이메일 · matibook@naver.com
블로그 · http://blog.naver.com/matibook l 트위터 · http://twitter.com/matibook

값 14,500원   ISBN 978-89-92053-45-7   (03900)

차례

서문

PREFACE

힙스터는 누구인가

_ 마크 그리프

우리는 힙스터를 정의하기 위해 이 자리에 모였다. 하지만
우리가 알고 있는 힙스터를 어떻게 정의하더라도 결코
힙스터를 정확히 설명할 수 없기에, 우리의 시도는 실패하고 말
것이다. 그러나 지구상의 모든 힙스터와 현재의 하위문화들이
다 사라지고, 새로운 미학이 등장해 용어들이 변한다고
하더라도 1999년부터 2010년에 이르는 '힙스터의 시대'는
변함없이 역사의 관심 대상으로 남을 것이다. 그렇지만
우리는 현재 우리가 느끼는 것을 기록으로 남길지 말지를
결정하면서 이후의 연구자의 입장은 고려하지 않았다.

8   철모르고 즐겁게 지내던 시절에 한 친구가 이야기했다.

1 Ali G.: 영국의 배우이자 코미디언인 사샤 바론 코엔이 만들어낸 가상의 코믹
캐릭터.
2 뉴욕의 사립대학교로 1919년, 경제학자 베블런, 역사학자 비어드, 철학자
듀이 등이 설립한 비공식 성인교육기관이다. 1934년 공식적인 대학으로 인가를
받았다.

"앨리 지[1] 알아?"

그의 말에 나는 대답했다.

"아니."

그러자 그가 이렇게 말했다.

"좋아, 내가 걔 흉내 내는 것 들어 봐. 나 진짜 완전히 똑같아."

한 번이라도 힙스터를 만나본 사람이라면(혹은 스스로
힙스터라고 생각한다면) 이 책에서 설명하는 힙스터의
정의에 만족하지 못할 것이다. 하지만 당신이 이 책을
펼치는 순간이 혹시 2050년이라면 자신있게 이야기 할 수
있다, '여기에는 처음부터 끝까지 진실만이 담겨 있다'고.

              힙스터에 대한 사회학적 연구는 한
하위문화를, 그 문화가 여전히 생성중일 때, 그 구조와 그
문화에 친근한 사람들의 증언을 통해 분석하려는 시도이다.
우리는 여러 개성적인 사람들의 집단지성의 힘을 빌었다.
먼저,《n+1》저널의 필진과 독자들이 참여했다. 또 뉴스쿨[2]에서
열린 토론회에서 이 주제에 대해 처음으로 관심을 갖게 된
사람들, 그리고 토론회가 끝난 후에 만난 저널리스트와 기타
평론가들이 이 작업에 참가했다. 그들에겐 우리의 접근방식에
도전하고 이의를 제기할 수 있도록 초고를 미리 주었다.

참가자들이 자신의 경험과 지식, 학문적이고 분석적인
성향은 물론, 과거에 이웃, 경쟁자를 비롯해 자신보다
패션 센스가 더 우월하거나 더 비싼 옷을 입는 이들에게
느꼈을 짜증과 자신감 상실 등도 여과 없이 활용할
수 있도록 했다. 힙스터의 의미가 변화하려는 지금 이
순간, 지난 10년 이상을 우리와 함께 해온 가장 전형적인
힙스터를 기록하는 데 이 감정들도 이용할 것이다.
'힙스터'라는 단어는 멸시되고 남용되다가, 중립적이고
심지어는 긍정적인 평가를 얻게 되는 의미의 변천을
겪었다. 여기에는 힙스터 패션이 미국 전역의 쇼핑몰에서
구입할 수 있도록 재포장된 스타일로써 주류 문화에
입성하게 되었다는 의미뿐 아니라, 힙스터를 만들어 내는
데 일조한 보다 깊은 사회적 충동(관심)—물론 힙스터를
공격하겠다는 대단히 절실한 충동—이 유럽과 라틴
아메리카에서도 융성하게 되었다는 의미도 담겨 있다.
힙스터가 있거나, 주변에서 힙스터를 본 사람도 분명히 있을
것이다. 따라서 힙스터의 시대가 끝났다는 말은 어불성설이다.
하지만 윌리엄스버그[3]나 로워 이스트사이드[4]의 카페를 찾는
사람이 늘어났다는 이야기를 심심치않게 듣기 시작했다면
너무 늦기 전에 힙스터 초창기의 역사와, 그 말에 원래 담겼던

3　뉴욕 브루클린 근방의 다인종 거주 지역으로 2005년 뉴욕시로 통합되었다.
1990년대 이후, 젊은 예술인들이 점차 모여들면서 소호와 이스트빌리지에 이어
젊음과 문화의 중심지가 되었다.
4　뉴욕구 남동쪽에 위치한 다인종 거주 지역으로 뉴욕 현대미술의 중심지로
손꼽힌다.

11

+ 윌리엄스버그 거리풍경

(적대적인)의미를 분명히 해둘 때가 되었음을 시사한다.

　　　　　　최근 들어 무분별하게 사용되는
단어인 '히피'는 춤추고 대마초나 피울 줄 알았지 재즈나
정치나 시詩에는 문외한인 '잔챙이 힙스터'little hipsters를
부르던 별명이었다. 1960년대 중반에 대중매체에서 널리
쓰이기 시작하자, 젊은층의 전향자들은 히피를 새로운
생활양식으로 받아들이게 되었다. 그리고 마침내 오늘날
통용되는 뜻 그대로 '히피'라고 불리는 (과거엔 자신을
'괴짜'나 '마약광' 정도로 인식했던) 다른 부류의 젊은이들도
그 안으로 포함되었을 뿐만 아니라, 심지어는 힙스터라는
명칭과 자신을 동일시하는 게 유용하다는 인식도
등장했다.("이런 게 '히피' 셔츠라는 건 알아야지.")[5]
그렇다면 힙스터가 히피만큼 중요한 입지를 갖게 되었다고
말할 수 있을까? 그렇지는 않을 것이다. 지금까지 한

5　어쨌거나 꽤 자주 회자되고 있는 이야기이다. 찰스 페리Charles Perry의 *The Haight Ashbury: A History*(New York: Random House, 1984)에서 5쪽에서 6쪽에 걸쳐 (히피문화의) 이끌었던 대표적인 선봉장들과의 나눈 다수의 인상적인 인터뷰를 보면 초창기, 1965년 이전의 '히피'에 대한 경멸과 스타일이 도드라진다고 느낄 만도 하다. 이는 아마도 히피가 미친 반향이 충격적이었던 것과 더불어, 현대 힙스터에 대한 비난 때문이다. "또 한 가지 찰스 페리가 주목한 점은 비츠Beats는 언제나 무일푼이었고, 히피는 돈이 있었던 것 같다는 것이다. 히피가 특이했던 이유는 '쿨해서 즐길 줄 아는 사람'이라는 식의 팽창적이고 연극적인 그들의 태도였다. 그들은 스스로를 일컬어 놈cats, 계집애chicks 보다는 녀석dudes, 숙녀lady라고 불렀다. 비츠가 홈스펀과 대님 옷차림에 실존주의적인 의미에서의 흑인과 포크뮤직 연주자들이었던 것과 달리 히피들은 번드르한 모드 차림이었다. 또 히피들은 그들의 탄생지인 샌프란시스코 말고도 미 전역에 두루 걸쳐 거주했는데, 주로 대학 캠퍼스 근처에 살았다." 인용된 내용은 현재의 힙스터에도 그대로 적용할 수 있다. 또한 이 진술은 히피의 위상이 정치학과 반전, 평화운동과 동일선상에 놓이게 된 것보다 시기적으로 분명히 앞서 기도 한다. [저자 주]

13

+ 미국 비트세대를 대표하는 작가. 잭 케루악

하위문화의 명칭이 두 번이나 사회적으로 중요한 의미를
가졌던 경우는 없었다. 힙스터란 말은 미국의 아득한
과거에, 이전 세대에 정말로 중요했던 하위문화를 명명한
데서 탄생했다. 현대 힙스터에 대한 본 연구는 초창기의
인물들, 즉 1940~1950년대에 이르는 시기에 존재한 힙스터
—시민권의 시대[6] 이전부터 소위 말하는 최근의 탈인종주의
시대에 이르기까지, 흑인과 백인이라는 인종, 지식의
원천과 저항의 기반—를 살펴보고, 어떤 경위를 통해 이
해묵은 명칭이 다시금 대두되었는지 확인하는 것이다.
인식 가능한 현상으로써의 힙스터주의hipsterism는 특정한
패션과, 경미하지만 개성 강한 트렌드와도 끈끈한 관계를
맺고 있어서 설명하기가 매우 어렵다. 힙스터의 외관상의
특징은 어떻고 그들의 출신지는 어디인지, 또 힙스터가
의미하는 바가 무엇인지 묻는다면 지금 이 책을 읽고 있는
여러분 대부분은 짜증을 낼 것이다. 그럼에도 이 과정을 통해
그들이 다른 문화와 스스로를 구별 짓고 자기애와 집단적
우월 의식을 드러나게 한 요소가 무엇이었는지 확인할
수 있다. 또, 더 중요할 수도 있는 문제는 (트럭커 햇[7]이나
'풍자적인' 티셔츠처럼) 설명하기 힘든 패션의 세부 요소들이
힙스터라는 착각에 빠지거나, 변명하거나, 힙스터가 되기를

14

6 보통 1950년대에서 1970년대에 이르는 시민권 운동으로 여기지만, 여기에선
1860년부터 약 십 년 동안 있었던 인권 운동으로, 남북 전쟁의 원인이 되었고,
이후 다양한 인권법이 국회에서 통과되었다.
7 야구모자의 일종으로, 트럭운전사 및 농경업 종사자들에게 농경용품 회사에서
헐값에 판매했기 때문에 'give me cap' 'feed cap'이란 별명이 생겼다. 2000년대
초반, 미국 교외 지역의 젊은층에게 인기를 끌었고, 저스틴 팀버레이크, 패럴
윌리엄스나 애쉬튼 커쳐 같은 명사들이 쓰면서 더욱 인기를 끌었다.

+ 트럭커 햇을 쓴 저스틴 팀버레이크(좌), 애쉬튼 커쳐(우)

바라는 사람들에 관한 정확하고 틀림없는 특징들을 알려줄 수
있는가 하는 점이다. 이러한 패션은 특히 과거를 복제하면서
소통을 가능하게 하고 이데올로기를 강화한다. 따라서
패션의 세부 요소들은 생각보다 더 많은 것을 설명한다고
할 수 있다. 힙스터 패션이 자의적이라는 주장은 신비화의
문제인지, 그리고 이를 처음 입었거나 옹호한 이들이
누구인지는 추적하지 않겠다는 것인지 궁금할 것이다.
우리는 다음과 같은 절차로 연구를 진행했다.
2009년 봄의 어느 토요일 오후, 맨해튼의 뉴스쿨에서 사전에
고지하고 광고했던 심포지엄과 토론회가 열렸다. 이 책은
토론용으로 제공했던 최초의 원고를 수정한 것으로 중심적인
항목은 공개 토론과 이어진 논의이며, 토론 참가자들의 언급
가운데 잘못된 부분에 대한 수정은 가급적 자제했다(꼭
수정이 필요한 경우에는 주석을 통해 설명을 덧붙였다).
우리의 노력이 사람들에게 어떻게 받아들여졌는지 보여주기
위해 '글 모음'Dossier이라는 섹션에 본 행사에 관한 기록적
성격을 띠는 광범위한 두 개의 해설을 추가했다. 토론회로부터
몇 개월 뒤, 편집자들은 관련 논의를 이어나갈 수 있을 만한
논객들에게 원고를 보내는 새로운 방식으로 주제를 공개했다.
그들의 논평이 들어간 섹션은 '회신'Responses이라는 제목을

---

8 Norman Mailer(1923 - 2007): 미국 사회학자, 저널리스트이자 문인. 특히,
메일러는 에세이를 논픽션소설로 발전시킨 '뉴 저널리즘'의 혁신자로 알려져 있다.

달았다. 이 지점에서 체계적인 연구는 고스란히 독자들의 몫이 되어야 한다. 독자 여러분은 어느 지점에서 힙스터에 관한 연구가 다음 단계로 나갈 필요가 있는지 나름대로 생각하게 될 것이고, 또 어느 지점에서 반대를 표시해야 할지 알게 될 것이다. 마지막 장인 '에세이'에는 몇 가지 중요한 주제에 대해 보다 상세한 논의, 혹은 힙스터와 관련이 있으면서도 힙스터를 넘어서는 주제(힙스터의 타자 [속칭 '두시백Douchebag], 인종, 성별, 미학, 그리고 미래)를 다룬 글이 포함됐다.

　　　　　이번 연구는 기존의 문화 연구와 텔레비전 방송 프로그램에서 다룬 것과는 다른 시각으로 접근했다. 종류를 불문하고 모든 하위문화에 대한 기존의 연구는 2차 미디어에 의한 복제와 수익성, 후발 연구자들의 관여와 첨삭에 의해 과거를 왜곡하고 있다. 가령 힙스터는 노먼 메일러[8]이고, 히피는 우드스탁이고, 펑크는 섹스 피스톨즈, 그런지는 커트 코베인이란 식으로 말이다. 그러나 이렇게 왜곡된 분석이 광고나 자본(특히 음반과 영화는 하위문화 전파의 중요한 매개체이다)과 결합하면서, 세대를 아우르는 저항과 희망의 순수한 충동을 재생산하는 데 일조하기도 했다. 하지만 토론 참가자 가운데 어느 누구도 주관적인 이야기를

하거나 '현장 경험'을 이야기하는 일은 없었다. 또 이
책에서 조명한 후발주자, 홍 깨는 사람, 지적 사유자로서의
힙스터에 속하는 사람도 없었다. 기고문들을 꼼꼼히 읽어본
후, 필자는 이 기고문들이 일정한 거리를 유지하며 힙스터
현상에 대한 진정한 해설로 수렴된다고 믿게 되었다. 이
책에 참여한 이들은 이제까지 우리가 경험한 일을 역사적인
국면에 대입하고, 추가 가능한 특징들을 점진적으로
더해 나가는 시도를 아끼지 않았다. 어마어마한 가치가
있는 루머와 일화와 역사적인 사실(이나 사실을 빙자한
거짓)까지, 언제고 힙스터의 순간을 보존할 캡슐이 될
가치가 있는 자료들을 수집한 것도 두말하면 잔소리다.
나는 또한 이런 기고문들이 다같이 잘 모르는 영역에
집중한다는 사실을 깨달았다. 둘 사이의 격차는 대개
힙스터 현상 자체가 갖는 사회적 조건을 반영한다. 여기엔
힙스터주의에 영향을 받은 패션과, 예술의 전 영역에
걸쳐서 여성이 중심적인 역할을 했음에도 정작 '힙스터의
여성형'을 평가하거나 힙스터 카테고리에서 남성 지배적인
필터에 걸러지지 않은 힙스터 여성에 관해 생각하려는
시도를 고질적으로 무화시키는 상황도 포함된다.

18   이 기고문들이 불가피하게 진단적이라 해도, 하나하나가

무의식적인 태도, 결함, 허영, 실수를 반영하고 있다고
이해해주길 바란다. 이런 끝없는 비판과 은밀한 동일시
과정을 통해 한때 힙스터가 의미했던 것에 더욱 다가갈
수 있을 것이다. 토론에서 앞뒤가 맞지 않는 말을 하는
사람에게도 우리는 얼마든지 자리를 내 주었다.
유감스럽게도 사회과학자 같은 권위자들은 이 책에
참여하지 않았다. 힙스터 연구 분야는 펑크, 히피, 레이버,
고스, 사이버 유토피안, 비보이와 달리 아직까지 전문적인
연구자가 나오지 않았기 때문이다. 그래서 길기만 하지
생색도 안 나는 현지조사 논문 수준보다는, 차라리 쉽게
개설할 수 있는 학부 수업 수준의 연구가 되길 바랐다.
그렇다고 해도 이 기고문들의 기저에 깔려있는 가장 빛나는
사유가 문학도들이 세계를 이해하기 위해 반드시 읽어야
하는 사회학자, 인류학자, 도시계획전문가, 지리학자들의
문헌에서 전수받은 통찰력을 빌고 있음은 의심할 여지가
없다. 그런 이유로, 다소 주제넘은 것처럼 보일지 모르지만
우리의 작업에 '사회학적 연구'라는 부제를 달았다.
힙스터를 일종의 유행이나 유희로 여기는 사람들에게 본
프로젝트를 설명할 때, 나는 사회과학적 연구가 목적이라고
19 말한다. 그보다 더 진지하게 생각하는 사람들에게는

학회지에 대한 일종의 패러디라고 말하기도 한다. 본
프로젝트는 대학이라면 마땅히 갖춰야 할 (교수들이
말하는) '엄격함'이나 '형식적 절차'를 의도적으로
뺐다. 사람들이 사는 이야기를 끌어들이기 위함이었다.
동시에 우습고 비합리적인 것도 연구의 대상이 될 수
있고, 마찬가지로 진지하고 학문적인 것도 재미있고
유희적이며 일상적일 수 있다는 것을 보여주고자 했다.
흥미 위주의 독서 취향(과 학계에서 형식적으로 요구하는
분량의 논리와 문학 리뷰)에 대한 미국 특유의 반지성주의
때문인지 사회과학 서적은 '젊은이들이 반드시 읽어야 하는
책' 목록에서 늘 제외된다. 이 책에 참여한 모든 사람들이
자기비판을 하는 데 필요한 세대 간의 경험을 위해 읽어야
할 사회학 서적은 피에르 부르디외의 《구별짓기》[9]이다.
전략적이고 전문적인 이유에서 부르디외가 '구별짓기'의
대상으로 삼은 건 대학 서클 가운데 지식수준이 높은
그룹이었다. 이는 대개 철학 분야의 수많은 신조어와
정신노동을 이해하는 데 필요한 도움을 얻기 위해서였다.
나는 우리가 함께 쓴 이 책을 통해 문학이 재조명되길
희망한다. 물론 부르디외도 빼놓을 수 없겠지만, 장르를
넘나들며 폭넓은 영향력과 중요성을 갖는 문학을 저술했던,

20

9 *Distinction*: 부르디외의 대표적인 문화사회학서로, 문화와 취향을 계급의
문제로 보면서, 자본산업사회에서 문화적인 취향이 계급을 어떻게 규정하는지를
분석했다. 개인의 문화적인 취향과 소비의 근간이 되는 성향으로, 천성이나 기질과
달리 사회적 위치, 교육 환경, 계급의 위상에 따라 후천적으로 양육되는 성을
의미하는 '아비투스habitus'라는 개념도 이 책에서 처음 제시되었다.

현 시대에서 손꼽히는 유명 사회과학자들도 등장할
것이다. 예를 들면 바바라 에렌라이히Barbara Ehrenreich,
토머스 프랭크Thomas Frank, 얼리 러셀 호크실트 Arlie
Russell Hochschild, 데이비드 하비David Harvey, 줄리에트
스코Juliet Schor, 마이크 데이비스Mike Davis, 그 외에도
더 많은 이들의 이름을 참고문헌 목록에 밝혀놓았다.

　　　　　마지막으로 한 가지 더. 수많은 사람들,
참여하지 않은 사람들은 물론 참여한 사람들까지, 정말 많은
이들이 2004년 뉴욕에서 창립하고, 또 로워 이스트사이드와
덤보라는 힙스터 촌에서 실제로 제작되어 힙스터에 관한
고답적인 논의를 개시한 "문학, 지성, 정치 저널"《n+1》의
아이디어를 듣고 실소했다(본문에서 그들의 비아냥거림을
발견하게 될 것이다). 우리가 다루려고 하는 주제가 말도
안 되고 비하하는 것 같다는 의견도 있었다. 토론 주제를
발표하자마자 한 독자가 이메일을 보내 왔다. "농담이죠?
아니라면, 정말, 정말 유감이네요." 다른 사람들은 우리가
생긴대로 논다면서, 이 과제를 사회학자들은 '부적절한
반영'이라고 부른다고 했다. 《n+1》은 힙스터들이 만드는 힙스터
저널이라는 비난이 있다. 필자 생각에 반은 맞고 반은 틀렸다.

심오하게 이야기하면《n+1》은 힙스터들이 전투를 벌이기 위해 창간한 잡지가 맞다. 그러나 힙스터가 존재하는 곳은 우리의 토양, 우리 동네를 비롯한 아주 구체적인 세계이기 때문에, 힙스터는 친밀한 적이며, 동시에 위험요소이자 유혹이다.

이 책에 실린 토론과 편지와 에세이를 수차례 읽고, 나는 다음과 같은 사실을 배우게 되었다. 힙스터는 부분적으론 백인 중산층, 일반적으론 모든 엘리트들이 쾌락과 사치를 얻으려고 애쓰면서 —이런 사치와 쾌락이 무모하고 모순적이라 보면서— 그것들을 획득하는 데에만 집중할 뿐, 무엇이 그들 같은 부류에게 이 사치와 쾌락의 자격을 부여하는지, 그들이 쾌락을 얻는 대신 다른 누가 고통을 받는지, 그들의 '저항' 혹은 권위를 싫어하는 모든 사람들에게 강제되는 사회적 투쟁과 만나는 곳은 어디인지를 묻지 않을 때, 그들 자신에게 일어날 수 있는 일들을 보여준다. 더 나쁜 경우, 힙스터는 신자유주의가 공공재를 민영화하고 부를 (상향)재분배하는 수치스러운 현실에서 생겨난 하위문화의 유형이다. 힙스터의 가치는 높은 정치적 반응을 이끌어 내고 (힙스터의 키워드인) '비행'의 가면 뒤에서 저항을 가장한다. 힙스터 예술과 사유는 유년

22

10 자연이나 자연적인 것을 인간적 가치의 기준으로 보는 입장으로, 역사를 최선의 원초상태에서의 하강으로 보는 연대적 원시주의와, 단순 소박한 생활로의 복귀 속에서 구원을 발견하는 문화적 원시주의로 구별된다.

시절, 원시주의primitivism[10], 고급스러운 동물 가면을
지나칠 정도로 자주 재연repetition하고 옹호한다.
그리고 힙스터의 반권위주의에는 중산층 젊은이들로
하여금 펑크족이건, 반자본주의자이건, 아나키스트이건,
컴퓨터 괴짜이건, 60년대주의자이건 상관없이 하위문화의
특징인 쿨한 태도는 유지하면서, 정작 반문화의 권리는
포기해도 비난받지 않을 수 있는 책략이 있다.
이런 식으로 간다면 미래의 아방가르드는
'얼리어답터'의 커뮤니티로 변질될 소지가 크다.

물론, 이는 기우일 것이다. 어쨌거나 나는
모든 사람들이 (심지어 힙스터들 마저도!) 힙스터들에게
본능적으로 혐오감을 느끼는 현상을 보며, 우리가 상황을 보다
분명하게 파악만 한다면 모든 게 더 나아질 거라고 믿는다.
이것도 나의 편견일지 모르지만, 즐거운 일독이 되길 바란다.

심포지움

SYMPOSIUM

들어가며[+]

_ 마크 그리프

환영합니다. 여기까지 와 주신 모든 분들에게
감사드립니다. 모쪼록 이 심포지움이 비오는 날 오후의
괜찮은 소일거리가 되었으면 하는 바람입니다.
오늘 토론은 기탄없이 진행될 계획입니다. 먼저 약 십 분씩
세 차례에 걸쳐 패널들의 발표가 있겠습니다. 그런 다음
공개 질의와 토론 시간도 갖도록 하겠습니다. 질문이나
주장하실 내용이 있으면 언제든지 말씀해 주십시오.
발언을 마칠 때는 저희가 차질 없이 기록할 수 있도록 성함을
말씀해 주시면 감사하겠습니다. 오늘 토론회가 끝나면
여러분이 주신 아이디어까지 수렴해 한 권의 책을 출간하고자

[+] 본 심포지움은 2009년 4월 11일, 뉴욕 시 뉴욕 대학의 베라 리스트 센터에서 175명의 청중들을 상대로 열렸다. 이 장은 토론회 참여 패널의 강연원고를 책의 성격에 맞게 수정한 것이다.

합니다. 우리가 힘을 합쳐 어떤 기록을 남길 수 있게 된다면, 적어도 저는 여기 들어올 때보다 좀 더 편해진 마음으로 나설 수 있을 것 같습니다. 또 앞으로 이 주제를 마음껏 연구할 수도 있을 것 같습니다. 다른 분들도 저와 같은 마음이길 바랍니다.

토론의 기회는 패널들뿐만 아니라 청중 여러분 서로에게도 열어두려고 합니다. 한 가지, 향후 책 출간을 위해 오늘 토혼회를 녹음한다는 점을 너그러운 마음으로 이해해 주시길 부탁드립니다.

감사합니다.

입장들

_ 마크 그리프

먼저, 지금까지 내가 읽고 듣고 본 것에 의거해 힙스터를
정의하고자 한다. 이것이 우리 프로젝트의 시발점이 되길
기대한다. 무엇보다 지금까지 잘못 알려진 힙스터에
대한 오해를 푸는 것이 가장 중요한 목표이다.

시대 구분. 우리가 이야기 할 현대 힙스터는 1999년에
등장해 2003년까지, 짧은 기간 동안 왕성하게 태동한
복합적인 하위문화를 의미한다. 이 기간 동안 힙스터는 다른
무언가가 되기 위해 태고적 하위문화로 돌아가려는 것처럼
보였다. 이후 2003년부터 현재에 이르는 두 번째 단계에서

28

---

1 시카고 북동쪽 지역으로, 20세기 들어 독일, 스칸디나비아 등에서 온 유럽
이민자 출신들이 주로 거주하는 부유촌이 되었다.
2 〈1991: The Year Punk Broke〉는 데이비드 마키 감독의 1992년도 음악
다큐멘터리 영화로, 미국의 얼터너티브 록밴드 소닉 유스의 1991년도 유럽 투어
과정을 담고 있다. 소닉 유스 외에도 얼터너티브 록의 또 다른 기수인 너바나,
다이너소 주니어Dinosaur Jr., 베이브즈 인 토이랜드Babes in Toyland와
라몬즈Ramones도 등장하고 있다.

힙스터라는 용어는 보다 널리 전파되고 지속되어 왔다.

기원. 현대 힙스터는 사회학자 리처드 로이드가 시카고의
위커파크[1]에 관해 쓴 민족지에서 '네오 보헤미아'라고 명명한
문화와 '인디' 혹은 '인디록'이라는 이름의 1990년대 문화로부터
시작한다. 다시 말해, 술집이나 커피숍, 록클럽에서 일하던
아티스트들의 문화가 디자인, 마케팅, 웹 개발과 더불어,
소위 '경험 경제'experience economy의 의도와 상관없이 '후기
자본주의' 상업의 사회적 기반을 제공한다는 것이다.
1980년대 이후 소비자 자본주의가 성공적으로
'하위문화화'subculturation된 것에 대한 대안으로 새로운
하위문화가 잇따라 등장하는 것이 피부로 느껴질 정도로
뚜렷해졌다. 이런 연속적인 등장은 펑크와 DIY를 지지하는
사회적 분위기가 조성되면서 시작됐다. 이는 서로 무관하게
존재하는 사적이고 경제적인 분야로서의 '얼터너티브'와
'인디펜던트'의 개념을 더한 '포스트 펑크' 음악을 탄생시켰고,
1991년에 막을 내렸다. 1991년은 유명한 다큐멘터리 한
편으로 인해 '펑크가 분출된 해'[2]로 기억된다. 그 뒤로 큰
성공을 거둔 포스트 펑크 밴드들이 거대 레이블로 이적
하면서 '얼터너티브'와 '인디' 모두 메인스트림에 입성하면서

그 정신은 대중상업주의의 물결 위에서 좌초했다. '그런지'의 짧았던 전성기는 당시의 상황을 압축적으로 보여주는 예이다. 그런지는 본래 지역적인 특색이 가장 강했던 음악이었다. 하지만 대중의 지나친 관심을 받게 되면서, 결국 이런 모종의 모순을 견디지 못한 그런지의 대표적 인물인 커트 코베인은 1994년에 스스로 목숨을 끊었다. 이렇게 볼 때, 현대 힙스터는 소비자 문화의 독립적인 대안으로 남으려 했지만, 통합되고 굴욕을 당하고 파괴되고 마는 청년문화 고유의 '좌절하는 전통'에서 나오는 것 같다. 겉으로 드러난 정치학에 대한 의문도 남는다. 힙스터를 반정치적 집단이라고 여기던 시기가 있다. 힙스터 집단이 유독 조롱받던 분수령 같은 순간이지만, 덕분에 힙스터 세대는 이전 세대와 구분되기 시작했다. 그것은 당시에는 실패했지만 주요한 정치적 행보로 여겨지는 두 개의 사건으로, 첫째는 1999년 시애틀에서 열린 WTO 각료회의 반대 시위(이때부터 세계 노동과 환경주의에 대해 때론 조롱하고, 때로는 포용하는 태도를 보인다)이고, 둘째는 이라크 전쟁에 대한 국회의 비준동의에 반대했으나 무시당했던 2003년의 시위이다. 힙스터 세대의 정치적 감수성이 잘 드러난 이 두 가지 사건은

2008년 버락 오바마 대통령의 당선으로 이어졌다. 이전

＋커트 코베인과 '너바나'

대통령(조지 부시를 좋아한 사람은 단 한 명도 없었다)에
대한 혐오에 근거해 정치적인 사람들과 그렇지 않은 사람들이
다시 하나가 되었음을 보여준 상징적인 사건일 것이다.

국지화. 힙스터의 시기는 미국의 여러 도시 가운데 특히 개성
강한 도시들과 (그곳이 백인들에 의해 재식민화가 이루어진
다인종 지역이건, 보헤미안 지역보다 더 작은 군락이건
상관없다) 관계가 깊다. 뉴욕에서 1999년 이후의 힙스터주의를
떠올리는 건 매우 쉽다. 과거 히스패닉과 유태인들이 거주했던
로워 이스트사이드 혹은 윌리엄스버그가 대표적이며,
2009년을 기점으로 부시위크[3]도 활발한 무대가 된 듯하다.
로버트 랜햄의 2003년 저서《힙스터 핸드북》*The
Hipster Handbook*에선 그 해의 북미 힙스터 구역으로
몬트리올의 플라토, 토론토의 칼리지 스트리트와 클린턴
스트리트, 보스턴의 자메이카 플레인, LA의 에코파크와
실버레이크, 샌프란시스코의 이너 미션 등을 꼽고 있다.

본질적인 차이. 다음과 같은 질문을 던질 수 있다. 한 세기가
바뀌는 순간, 힙스터의 특성은 어떻게해서 명확히 드러났나?
그리고 그 분명한 특성에 —나는 분명하다고 생각한다—

32

---

3 브루클린, 뉴욕시의 북동쪽 지역.
4 emo: 1980년대 중반, 미국 워싱턴을 기점으로 일어난 하드코어 펑크
운동에서 파생한 언더그라운드 록음악의 유형이다. 분명한 멜로디라인과 표현이
풍부하고 때로 자기고백적인 가사가 특징이며, 이모코어emocore라고도 불린다.
1990년대까지는 인디 영역에 머물러 있었으나, 2000년대에 주류에 입성했다.
5 Anatole Broyard(1920-1990): 문학평론가이자 작가로 그의 가족은
아프리카의 혈통(루이지애나 크리올)이었으나, 피부색이 하얗던 그는 평생
백인을 연기했다. 사후, 평론가 헨리 루이스 게이츠는 브로야드의 에세이《흑인을

어찌하여 그토록 역사적인 의미가 담긴 힙스터라는 이름이 붙었나? 이모[4]에서 펑크와 히피까지, 지금까지 하위문화에서 신조어나 은어 때문에 문제가 생긴 적은 단 한 번도 없었다. 그러나 힙스터는 전혀 다른 부류였다. 명확하게 말해 최초의 힙스터는 1940년대 말에 존재한 흑인 하위문화의 한 유형으로, 아나톨 브로야드[5]가 1948년도 에세이에서 상세하게 분석하고 있다(브로야드가 백인으로 널리 인식되기 전의 일이다). 하지만 결정적으로 랠프 앨리슨의 《투명인간》[6]에서 변형된다. 이후, 힙스터는 1950년대의 백인 하위문화에 속하는 유형으로, 백인성과 인연을 끊고 미국 흑인의 '쿨한' 지식과 성애화된 에너지, 정력, 그리고 격렬함을 획득하려는 백인 아방가르드들의 욕망을 뜻하게 되었다. 이에 대한 교과서가 노먼 메일러의 1957년도 에세이 《하얀 흑인》[7]이다. 흑인성의 화신이건 백인성의 화신이건 상관없이, 힙스터는 본질적으로 더 우월한 지식에 관한 문제였다. 이것을 브로야드는 '선험주의'priorism라고 명했다. 정보와 지식을 독점한 권력의 음모 때문에 정보를 완전히 차단당한 흑인들이 자신들의 삶을 스스로 결정할 수 없다고 느끼는 데서 흑인 힙스터주의가 발생했다는 것이다. 또 브로야드는 최신hip 은어라는 비밀스런 언어에 초점을 맞추었고, '힙한' 대응은

보는 열세 가지 방법》이라는 책을 예로, 그가 자신의 혈통을 어떻게 위장했는지 파헤쳤고, 이를 발전시켜 《아나톨 브로야드의 가려진 진실》*The Passing of Anatole Broyard*을 발표했다.

6 *Invisible Man*: 미국의 작가 랠프 앨리슨의 소설로 20세기 초, 미국 흑인의 정체성을 가진 이들이 직면해야 했던 사회적, 지적 문제를 비롯해 미국 흑인 민족주의까지 날카롭게 파헤쳤다.

7 *The White Negro*: 노먼 메일러가 1920~40년대 재즈, 스윙 음악을 즐겨 들으며 흑인 문화를 수용했던 미국 백인 힙스터들에 관해 쓴 에세이.

(순수하게 상징적인 의미에서) 다른 누구보다 흑인이
가장 먼저 아는 지식이 있다고 주장하는 것이라고 했다. 이
상징적 지식이 자기과시나 보상으로 기능했던 것이다.

　　　　　　오늘날 50년대의 낡은 용어인 '힙스터'가
다시 회자되는 이유는 무엇인가? 이 질문에 답하기 위해 나는
현대 힙스터의 출현과 지속에 관한 세 가지 정의를 소개하고자
한다. 세 가지 모두 선험주의적인 특징을 보인다. (정의에
앞서 오늘날 '힙스터'란 말은 경멸적인 의미를 담고 있다는
것을 짚고 넘어가야겠다. 사람들이 이 의미를 스스로에게
부여하진 않지만, 그렇다고 해서 그 취지마저 사라지는 것은
아니다.) 지금까지 하위문화의 구성원은 늘 지적 속물, 수집가,
감식안이 있는 애호가 등으로 그려졌던 반면, 힙스터가
지식에 대해 요구하는 특성은 그들과는 사뭇 다르다.
내 생각에 힙스터적 성격hipsterness이 경멸받는 이유는
오늘날 힙스터가 이미 주류인 사람들의 하위문화를
표방하기 때문이다. 힙스터는 사회적 지위를 낮추거나
탈퇴하는 그룹들—배를 곯고 있는 예술가나 대학원생,
네오 보헤미안이나 채식주의자, 자전거 족이나 스케이트
펑크, 노동계급이 될 사람들이나 탈인종주의적인 개인—과

34

---

8 1882년부터 제조되기 시작한 맥주 브랜드로 1980년대에 판매 부진을 면치 못
했으나, 2000년대 초반에 이르러 시카고, 일리노이, 필라델피아 등지에서 예상치
못한 인기를 끌면서 현대 힙스터 하위문화를 상징하는 브랜드가 되었다.
9 성조기를 모티브로 한 티셔츠.
10 미국의 유명 프로듀서로 유수 아티스트의 앨범을 프로듀싱했고, 2007년《타임》이
선정한 '세계에서 가장 영향력 있는 백 명의 인물'의 하나. 1990년대에 조니
캐시의 〈아메리칸 레코딩〉American Recordings 앨범 작업을 함께 했다.
11 캐나다 몬트리올 퀘백에서 창간된 무료 잡지로 현재 미국 뉴욕을 비롯해 전

겹치며, 실제로는 저항적인 하위문화와 그 반대편에 있는 권력 양쪽 모두에 맞춰 자신을 조정하며 둘 사이를 부단히 오고간다.

정의1. 가장 먼저 '백인 힙스터'라는 정의이다. 가장 제한적인 정의이고, 개인적으로는 1999년의 로워 이스트사이드에서 느꼈던 '색다름'에 딱 들어맞는 정의라고 생각한다. 일련의 키워드를 살펴보자. 트럭커 햇, '아내 패는 놈'wife-beaters이란 이름의 속옷 같은 외출복, 지하 오락실의 포르노, 플래쉬 조명의 폴라로이드, 모조 나무 판넬, 팹스트 블루 리본[8], 포르노나 동성애자 스타일의 코밑수염, 파일럿 안경, 교회 간친회에서나 입을 법 한 아메리카나 티셔츠[9], 튜브 양말, 릭 루빈[10]이 프로듀싱한 조니 캐시의 후기 앨범, 문신, 1999년도 몬트리올에서 뉴욕으로 거점을 옮긴《바이스》[11], 1999년에 창립한 힙스터 브랜드의 컨설턴트 겸 운동화 상점 '에이라이프', 의식 있는 기업으로 알려진 '아메리칸 어패럴', 의복 개념의 저지 니트 파자마, 마찬가지로 1999년에 시작된 지하실 포르노그래피의 분위기를 풍기는 부티크 체인점. 이상은 작고 놀라운 하위문화가 보여준 가장 가시적인 표상들로, 여기에서의 선험적인 지식이란 1970년대에 도시에서 교외로

35 옮겨 간 백인성에 대한 어렴풋한 향수에 지나지 않는 것처럼

세계 열아홉 개국에서 창간되고 있는 잡지. 독립예술과 팝컬처 관련한 내용을 주로 다룬다.

+ 힙스터들이 가장 사랑하는 맥주, '팹스트 블루 리본'

보인다. 그 백인성은 아일랜드인, 이탈리아인, 폴란드인
등 이른바 '섞일 수 없는 민족성'을 의미했지만, 도시 지역이
새로운 미학으로 재식민화된 현재로선 그마저도 희미해졌다.
'하얀 흑인'이 한때 흑인성을 맹목적으로 추종한 것처럼, '백인
힙스터'는 교외나 시골 지역에 거주하는 백인 중하류 계층의
극렬함, 본능적이고 저항적인 성향을 맹목적으로 추종한다.

정의 2. 두 번째로 가능한 정의는 현대 힙스터주의에
관한 것이다. 전통적인 예술 영역에선 무엇이 힙스터
문화가 될 것인가? 가장 일반적인 예는, 문학의 경우
데이브 에거스Dave Eggers의 데뷔 소설《비틀거리는
천재의 가슴 아픈 이야기》*A Heartbreaking Work of Staggering
Genius*[12]와《빌리버》*Believer*[13]의 초창기 간행물이다. 영화에선
웨스 앤더슨[14]의 〈러시모어〉와 〈로열 테넨바움〉일
것이다. 앞선 사례들은 꽤 많은 논쟁을 불렀다.
이런 정의로 본 힙스터 문화는 앎과 순진함, 성인들의
세상과 유아기적인 세상이 각각 한 쌍으로 묶여 있는 다분히
해묵은 소재를 급진적이고 아찔하게 교체시키면서 긴장을
유발하는 작품에 우선적으로 말을 걸고 있다. 형식적으로는
혼성화pastiche 양식을 급진적으로 미학화하는 것으로,

37

---

12 에거스의 2000년도 데뷔작이자 회고록으로, 암으로 양부모를 잃은 후, 동생을
돌봐야 했던 자신의 일대기를 담고 있다. 이 작품은 퓰리처상 최종 후보에 오르는
등 그해 가장 주목받는 작품 중 하나가 되었다.
13 에거스의 부인이자 소설가인 벤델라 비다가 발간하고 있는 문학잡지.
14 미국 영화감독, 시나리오 작가, 프로듀서. 주로 중산층의 결함이 있는 인물들을
풍자하는 지적인 코미디 영화로 힐리웃에서 독자적인 입지를 구축하였다.
시나리오부터 영화음악까지, 감독 자신의 고유하고 내밀한 아이디어로 통일된
미학을 고수하는 것으로 잘 알려져 있다.

프레드릭 제임슨은 80년대 초반에 이를 포스트모던 내러티브의 특징으로 정의했다. 그러나 이 지점에 와서, '공허한 아이러니'가 결국 과거 미학을 재구축하고, 원전보다 더 완벽한 테크닉을 구사하는 쪽으로 기울어지면서 풍자와 씁쓸한 회의, 논평도 사라졌다. 회상은 어디까지나 감상에 치우칠 때, 특히 유년시절로 치달을 때만 유용할 뿐이다. 팝음악의 경우, 힙스터가 만든 의미 있는 음악을 찾기란 결코 쉽지 않다. 뉴욕에선 빠른 속도로 자기 파괴로 치닫고 있는 스트록스[15]—힙스터 정의 1에 더 부합하겠지만—정도를 들 수 있다. 데이브 에거스는 맥스위니[16]—힙스터 정의 2—의 음악적 동료로서 잠깐이나마 플레이밍 립스[17]와 동맹을 맺으려는 시도를 했다. 그러나 (유년의 내밀한 감정을 되찾기 위한 완벽한 혼성화라는 맥락에서) 정의 2의 논리를 믿는다면, 원조 격으로 중요하게 생각해야 할 밴드는 벨 앤 세바스찬[18]이 될 것이다. 그들의 기원이야말로 이 체제에서 완전히 벗어나 있으니 말이다. 내가 이런 말을 했다고 가차 없이 비난하는 독자 분들이 계실까 걱정되지만, 어디까지나 하나의 생각이라는 점을 밝혀 둔다. 한 가지 더 덧붙여야 할 사실은 《n+1》도 이따금씩 힙스터 출판사라고 불린다는 것이다. 그 이유는 아직도 불분명하다.

---

15 The Strokes: 1998년에 결성된 뉴욕 출신의 록밴드로 2001년, 데뷔 앨범 〈Is This It〉으로, 이른바 '거라지 록 리바이벌'을 이끈 기수로 평가받고 있다.
16 McSweeney: 데이브 에거스가 창간한 출판사. 신진 작가 및 유명 작가들의 작품을 출간하면서, 다양한 문화 잡지와 정기간행물을 출간하고 있다.
17 Flaming Lips: 1983년 미국 오클라호마에서 결성된 일렉트릭 얼터너티브 밴드. 독특한 개성의 인디 밴드로 주목을 받은 그들은 90년대 중반, 밴드 본연의 사운드를 잃지 않으면서 대중적인 감각의 음악으로 주류에 성공적으로 입성한 밴드로 평가받고 있다. 2010년 연말에 내한공연을 펼친 바 있다.

정의 3. 이 정의 때문에 여러분들의 만만치 않은 저항을 받을 것 같다. 힙스터는 어쩌면 '최첨단 소비자', 혹은 톰 프랭크의 용어를 따르면 '저항적 소비자'의 다른 이름이다. 힙스터의 정의에 실제로 예술을 창조하는 사람이라는 의미는 없다. 그들은 더 이상 힙스터가 아니다. 자유분방한 곳을 자주 다닌 사람들을 날라리, 허영꾼, 매니아라고 부르긴 해도 예술 생산자라고 부르진 않는다. 힙스터에게 예술은 다른 사람들에겐 열려 있지 않은 카테고리―그런 면에서 볼 때 유행에 민감하게 빈티지 티셔츠와 청바지, 음식 등―를 대량 소비하는 일이다. 낡고 오래된 지적 속물과, 빈민가를 구경하러 온 점잖지 못한 구경꾼 무리와, 힙스터 사이의 차이점이 무엇인지 모호한 부분이 있다. 나는 '힙스터'라는 이름이 지식 점유자들의 지위가 어떤 계기로 인해 훨씬 더 과감해졌거나, 다시금 동떨어지게 되었음을 암시한다고 생각한다. 따라서, 만약 1999년에 발생한 중요한 사건이 현재까지 이어지고 있다고 믿는다면, 그 계기는 인터넷을 통한 개인적 취향의 과시와 전파이다. 마찬가지로, 인터넷 사용이 급속도로 늘면서 남보다 한 발 앞서 대중음악을 찾아 듣는 일도 점점 더 어려워지고 있다. 2009년의 힙스터는

39   소비자를 구분하는 데 있어서 미묘하게 변화된 지점까지

18 Belle and Sebastian: 1996년 글래스고우에서 스튜어트 머독을 중심으로 결성된 인디팝 밴드. 내밀한 감성과 유려한 멜로디로 후대 뮤지션들에게 지대한 영향을 끼친 스미스Smiths와, 밥 딜런, 닉 드레이크와 같은 영미 포크 뮤지션의 음악성, 문학성을 새롭게 계승했다는 평가를 받고 있다. 이들의 영향은 90년대 후반에서 2000년대 초반에 한국 인디음악 애호가들에게도 큰 영향을 끼쳤다. 2010년 여름, 한국의 지산 록페스티벌의 무대에 서기도 했다.

짚어내는 데 도가 튼 사람이자, 인터넷보다는, 혹은 인터넷과 더불어 거리에서 포착할 수 있는 스타일이 아직 남아있는 영역에 거주할 능력이 있는 사람의 이름이 되고 있다.

나는 이상의 정의들이 잘못됐다고 생각하지만, 그 진위여부와 상관없이 있는 그대로 제시하고자 한다. 이를 통해 이번 힙스터와 관련된 대화의 기반이 마련되길 바라는 바이다.

제가 틀렸었습니다

_ 크리스찬 로렌첸

저는 현재도, 과거에도 힙스터였던 적이 단 한 순간도
없습니다. 또한 가족, 친한 친구, 적, 라이벌, 연인, 스승, 동료,
동급생, 밴드 동료, 고객, 바텐더, 댄스 파트너, 파티 손님,
의사, 변호사, 브로커, 은행원, 아티스트, 가수, 기타 연주자,
DJ, 모델, 사진작가, 문필가, 편집자, 파일럿, 스튜어디스,
남자 배우, 여자 배우, 텔레비전 출연자, 강도, 경찰, 신부,
부제, 수녀, 창녀, 뚜쟁이, 그밖에 제가 알고 지낸 모든
사람은 힙스터가 아니었습니다. 힙스터라곤 코빼기도
본 적이 없는 사람이 바로 접니다. 그런 건 이 지구에
단 한 순간도 존재하지 않았다고 생각했던 사람이었죠.

힙스터라는 카테고리 자체를 받아들일 수 없었습니다.
아니, 그건 말도 안 되는 이야기라고 경멸했습니다.
그러니 여러분 앞에 이렇게 서는 건 저 자신을 비판하고,
공개적으로 사과하고 용서를 빌기 위함입니다. 지금까지
전 지금 이 순간에도 계속되고 있는 거대한 사기극에
몸담아 왔기 때문입니다. 그 사기극에 놀아난 나머지
힙스터주의라는 이름의 신념을 따르고, 힙스터라는
이름의 무리들이 있다고 확신했었습니다. 하지만 사실 그
안에 문화라고 부를 만한 것은 없으며, 힙스터라 불리는
사람도 대개는 웃기게 생긴 젊은 친구들에 불과합니다.
전 어떤 때는 망상에 사로잡혀, 또 어떤 때는 순전히
개인적 이익을 챙기려는 욕심에 눈이 멀어, 제 자신의
주의를 환기시키고 카드빚을 줄여볼 심산으로 이런
사기극에 발을 들였습니다. 예를 들어 보겠습니다.
2007년 5월 11일, 저는 유명한 주간지의 한 편집자로부터
다음과 같은 내용의 이메일을 받았습니다.

    크리스찬 씨, 안녕하세요.

    저희는 다음 호에 '힙스터 죽이기'라는 커버 기사를 실을

    계획입니다. 이에 선생님께 에세이를 청탁 드리고자

---

19 The Life Aquatic with Steve Zissou: 웨스 앤더슨 감독의 2004년도 코미디
영화. 유명 해양학자와 그의 팀 멤버들이 신비의 상어를 추적한다는 내용으로
〈로열 테넌바움〉의 이른바 웨스 앤더슨 사단이 총출연했다.
20 Matador: 1989년 크리스 롬바르디가 뉴욕의 아파트에서 시작한 인디 레이블.
현재 벨 앤 세바스찬, 캣 파워, 소닉 유스, 스티븐 말크 머스, 욜라탱고 등의 밴드가
소속되어 있다.
21 Thrill Jockey: 아틀랜틱 레코드 A&R 대표였던 베티나 리처즈가 1992년
뉴욕에서 시작한 인디 레이블. 토터스, 트랜스 AM, 마우스 온 마스, 징크스, 씨 앤

합니다. 대중의 관심을 끌 수 있는 아이템이며, 선생님의

감각에도 딱 들어맞는 주제라고 생각합니다. 우연한

기회에 선생님이 예전에 쓰신 〈스티브 지소와의

해저생활〉[19]의 리뷰를 읽고 선생님이야말로 이번

기획에 어울리는 필자라고 생각하게 되었습니다.

단도직입적으로 말씀드리면 저희는 힙스터―온갖 짜증을

내면서 세상 모든 것을 키치로 만들어 버리는 이 과도하게

쿨한 어린 놈들―들이 사실 쿨한 척하며 정박아의 길을

걸어왔다고 생각합니다. 몇년 전엔 산뜻한 표정으로

윌리엄스버그를 점유했지만, 지금은 열여덟 살부터 서른네

살까지 너나할 것 없이 빛 바랜 군복 셔츠를 입고, 어이없게도

빙고 게임이나 하며, 마타도어[20]나 스릴 조키[21] 소속 밴드의

음악을 듣는 게 전부입니다. 친환경적이고 건방지고

포스트모던한 태도로 시작했던 라이프스타일은 어번

아우피터스[22]와 손을 잡고 패스트푸드처럼 팔려나가면서,

이제는 복제를 복제하는 아류로 전락했습니다.

이들의 등장은 몇 년 전에 이미 기정사실화되었고, 아직까지도

수그러들 기세가 보이지 않습니다. 선생님께 도시적

맥락에서 쿨한 것이 쿨하지 못한 힙스터주의에 포섭될 때,

43   다시 쿨해질 가망이 있는지에 대해 질문을 던지는 에세이를

케이크 등의 인디 밴드들이 이 레이블을 통해 앨범을 발표했다.

22 Urban Outfitters: 1970년대, 필라델피아에서 '파격적인' 컨셉트를 표방하며
시작된 패션 및 가정용품 브랜드였으나 현재 다섯 개의 브랜드를 거느린
대기업으로 발전했다.

청탁 드립니다. 1천 자 분량의 글을 5월 18일(촉박하시다면 21일)까지 주시면 감사하겠습니다. 고료는 2천 달러입니다. 저희 편집장님께서 이번 커버 기사에 관해 선생님과 더 많은 논의를 나누고 싶어 하십니다. 괜찮으시면 언제든 연락 주시면 감사하겠습니다. 읽어 주셔서 감사합니다.

[편집자 이름 비공개]

웬 알랑방구! 또 고료는 왜 이렇게 높은 겁니까? 쿨함이 어떻게 재생될 수 있다는 거죠? '쿨'이라는 말을 명사로 쓴 주제에, 뭔 낯짝으로 매일 아침 거울로 자기 얼굴을 본다는 거죠? 그래도 여러분, 우린 우리의 '쿨'을 간직하자고요. 그들의 간청에 못 이겨 전 그 숙제를 했고, 제 에세이는 잡지에 게재되었습니다. 잠시 후 소개드릴 편지를 보면 제가 쓴 기사가 개똥을 치우는 데 도움이 되었다고 합니다. 그리고 몇달 뒤 고료가 입금되었습니다. 제가 힙스터에 관해 거짓말 가득한 글을 쓴 게 그때가 처음은 아닙니다. 전에도 저는 이번 심포지움을 후원하는 잡지의 인터넷 홈페이지에 '힙스터 미학을 고수하는 멋쟁이'라고 착각해서 쓴 영화 리뷰를 몇 편 올린 적이 있습니다. 이 자리를 빌려 저의 다음과 같은 주장들을 전적으로 철회하고자 합니다.

44

23 Charles Manson: 미국의 유명 연쇄 살인범으로 미국 문화사에 무시 못할 영향을 끼쳤다. 그는 히피들의 또다른 사교 집단으로 알려진 맨슨패밀리의 두목으로 비틀즈를 광적으로 좋아한 것으로 알려졌다. 1969년, 임신 중이던 로만 폴란스키 감독의 아내 샤론 테이트를 포함해 다섯 명을 난도질해 살해했다. 1971년 사형을 선고받았으나 캘리포니아 주의 사형제도 철폐로 현재까지 교도소에 수감 중이다. 맨슨의 문화적 영향은 특히 팝 음악계에서 두드러진다. 가령 인더스트리얼 록밴드 마릴린 맨슨의 밴드명은 마릴린 먼로와 찰스 맨슨의 이름을 조합한 것이다.

1. '힙스터의 문제'는 한 세대가 철들기를 집단적으로
거부할 때 일어난다.

잘못 판단했습니다. 철이 들지 않는다는 것, 다시 말해
겉모습은 주름진 얼굴이 되지만 내면에 존재하는
동심을 유지하고 긍정하는 일은 어떤 경우에도 문제가
될 수 없습니다. 유년기야말로 미국의 진정성의
원천이자, 미국이 세계에 줄 수 있는 선물입니다.
영원한 유년이란 성숙의 궁극적인 형태입니다.

2. 우리 세대는 아직 후대에 물려줄 예술이나, 찰스 맨슨[23]에
필적할 희대의 연쇄살인범을 배출하지 못했다.

두 가지 이유에서 제가 했던 이 주장은 틀렸습니다.
첫째, 우리 시대에 탄생한 모든 예술작품은 기술 발전의 힘으로
앞으로 영원히 존속할 것입니다. 이를 통해 작품 고유의
예술성은 영원히 입증되고, 예술적 재생과 번영이 무한히
커져갑니다. 따라서 오늘 날에는 모든 예술이 걸작입니다.
둘째, 제 딴엔 힙스터라고 착각한 사람들 간에 벌어진
살인의 성과를 평가하면서, 전 획기적인 두 개의 사건을
간과했습니다. 거스 반 산트 감독의 〈엘레펀트〉Elephant에도
나오지만, 콜럼바인 총기 난사 사건의 주동자들이 살인

충동을 바람직한 방향으로 돌렸다면 아마도 그들의 운명은
윌리엄즈버그로 옮겨졌을 것입니다. 한 발 더 나아가 보다
글로벌한 관점에서 생각하면, 9/11 테러 주동자들에 대해서도
역시 동일한 분석이 가능하리라 생각합니다. 세계 무역 센터가
붕괴될 때, 테러리스트들은 건물뿐 아니라, 미국 사회의
아이러니도 부수었다는 이야기를 자주 들으셨을 겁니다.
그러나 몇 년의 시간이 흐르고 블로우백[24] 개념이 보다 널리
통용됨에 따라, 우리는 9/11이 아이러니를 무너뜨린 게 아니라,
아이러니가 9/11 테러를 낳았다는 사실을 알게 되었습니다.

3. 힙스터는 언제나 화려한 가난 상태를 벗어나지 못한다.
부자와 빈자가 서로 교제하고 섹스 할 목적으로 잠시나마
계층이 뒤섞인 그룹 프로젝트를 결성하고, 한동안은
상호협력 하에 계층 간의 경계를 불분명하게 만든다.
새빨간 거짓말입니다. 우리 모두 알고 있듯이 미국 사회에
계층구조 같은 건 존재하지 않습니다. 부와 지위라는
측면에서 근소한 격차는 있을지 모르지만, 미국 헌법에
명시된 것처럼 모든 미국인은 동등하게 태어났고, 동등한
기회를 누리며, 스물다섯 살이 되면 태어난 환경과
상관없이 모두가 이성에 대한 동등한 수준의 매력을

24 blowback: 미국 정보국이 타 국가에 가한 행동이 역으로 미국 국민들에
대한 테러나 공격 등의 재난을 불러 일으킨다는 뜻의 용어로 CIA에서 사용하기
시작했다. 가령, 1996년 사우디의 다란 공항 인근 미 공군 요원 아파트에 대한
폭탄 공격이나, 9.11 테러도 미국이 냉전기간 중 저지른 행위와, 냉전 후 세계
제국으로서의 지위를 유지하기 위해서 취한 무리한 대외 정책 때문에 피해를 본
약자들이 취하는 역공이라고 해석한다.
25 Laurie Anderson: 실험극 예술인이자 실험음악을 하는 가수로 "Let X=X"는
앤더슨의 1982년 앨범 〈빅 사이언스〉Big Science의 수록곡이다.

발산하는 기쁨을 누립니다. 1부터 10까지 눈금이 매겨진
저울에 이 확률을 올려놓는다면 아마도 7은 나올 겁니다.
로리 앤더슨의 노래처럼 'X를 X답게 해 줍시다.[25]

4. 대부분 백인인 힙스터는 다른 인종의 친구가 있다는
사실에 자부심을 느낀 나머지 자신들을 '탈인종주의적인
존재'라 여기며, 인종주의적인 농담을 할 때조차
자신이 탈인종주의자임을 믿어 의심치 않는다.
정확하지 않은 주장입니다. 저는 미국에서의
인종주의가 1990년대에 이르러 사실상 사라졌다는
사실을 간과했습니다. 1990년대는 빌 클린턴과
O. J. 심슨[26]과 로드니 킹[27], 바닐라 아이스[28]의 시대이죠.
오늘날 인종주의적으로 여겨지는 그 어떤 것도 우리의
부도덕한 과거에 대한 향수에 지나지 않습니다.

5. 트위[29]의 시대는 마침내 끝났다.
제 딴엔 웨스 앤더슨과 벨 앤 세바스찬을 완전히
묻어버리고자 이런 주장을 펼쳤습니다. 하지만 결과는
놀랍게도 둘 다 다시 돌아왔습니다. 돌아온 앤더슨은 그의
트레이드 마크였던 중고품 할인판매점에서 산 드레스와,

26 유명 미식축구 선수로 백인 여배우 니콜 브라운 심슨과 애인 론 골드먼을 살해
혐의로 구속되었으나, 인종차별의 결과라는 변론을 펼친 끝에 무죄로 풀려났다.
27 1991년 3월 미국 LA에서 과속운전을 하다 도주하던 흑인 로드니 킹을
백인 경찰이 무차별 구타 한 장면이 TV에 방송되었다. 이후 백인이 다수였던
배심원단이 백인 경찰관에게 무죄를 선고하자 분노한 흑인들에 의해 'LA폭동'이
일어났다.
28 1989년 앨범 〈후크드〉Hooked로 데뷔한 미국의 랩퍼. 흑인들의 장르였던
힙합 신에 등장한 백인으로 문화적 충격을 안겼다.

코듀로이로 만든 디자이너 수트를 버렸습니다. 벨 앤 세바스찬은 초기 앨범과 비교해 고가의 사운드 프로듀싱을 도입했음이 분명한 새 앨범을 발표했습니다. '트위'는 살아남아 번성했음은 물론, 수익성이 높은 비즈니스가 되었습니다. 반면에 저는 계속 파산 상태를 면하지 못 하고 있죠. 2005년 이후론 새 옷을 산 기억이 없을 정도입니다.

6. 힙스터들은 에로틱한 것은 조금도 참아내지 못 하는 성격에, 사랑이 무엇인지도 모르는 족속이다.

제가 동세대의 현실에 무지했기 때문에 이런 주장을 하게 되었습니다. 그도 그럴 것이 우리 모두에게 지난 십년만큼 사랑으로 가득 찼던 아름다운 시대도 없었으니까요. 에로스는 우리가 아는 최고의 로맨틱한 시인도 가히 상상할 수 없을 만큼 강해졌습니다. 사랑이 익명성의 수의를 찢고 나와, 난데없는 발작을 일으키며 크나큰 황홀경 속에서 웅변을 토해 냈습니다. 황홀경이 쥐떼처럼 우리의 아파트에 만연했습니다. 전신주가 그처럼 발기해 부풀어 오른 적은 한 번도 없었습니다. 만나야 할 사람들이 너무도 많아졌고, 많은 이들이 실연의 아픔을 겪었습니다. 다행히 문자메시지만 보내도 이별할 수 있게 되었고, 그래도 여의치 않으면 다시 문자를 보내 훗날의

29 twee: 사전적 의미로는 '과도하게 감상적인' '달콤한' '예쁜'을 의미한다. 문화적으론 1990년대 이후 영국, 유럽 등지의 인디 레이블을 통해 유려한 멜로디라인, 단순하고 소박한 연주 스타일, 감상적인 가사와 여릿한 창법을 내세운 다수의 밴드들을 '트위팝밴드'라 부르면서 용어화되었다. 이는 곧 패션을 비롯해 하나의 문화적인 세계관으로 자리를 잡았다. 특히 패션에선 트위팝밴드들이 즐겨 착용한 스카프, 손으로 짠 털실모자, 벙어리 장갑, 물방울 무늬 패턴, 카디건, 유아적인 장신구 등이 하나의 유행이 되기도 했다.

＋ 스카프는 1990년대 이후 청년 하위문화의 상징으로 자리잡았다.

만남을 기약할 수 있게 되었습니다. 사랑은 모두가 당첨될 수 있는 복권 같은 것이었습니다. 참을 수 없을 정도로 아름다운 나머지, 가끔은 외로웠던 시절이 그리워질 지경이었습니다.

7. 힙스터주의란 다만 교외에서 보낸 유년기의 소산이고, 그것도 삼십대 중반에 이르면 소진될 수밖에 없다는 결과는 힙스터에게 두 개의 선택지만 남긴다. 한 가지 선택은 결혼과 출산, 이어진 교외로의 복귀이고, 다른 선택은 도시에 남아 힙스터로 늙어가는 것이다.

거짓말입니다. 제가 가장 존경하는 평론가 리 시겔Lee Siegel이 최근《월스트리트 저널》에서 논평한 것을 빌면, 미국 교외 핵가족의 삶은 불순물이 전혀 섞이지 않은 엑스타시입니다. 교외에서 보낸 저의 유년 시절을 떠올려봤습니다. 야구선수가 되고 싶은 마음에 여름이면 부질없이 몇 시간씩 헛간 문짝에 테니스공을 던졌죠. 열세 살 무렵에야 자전거 타는 걸 배웠습니다. 좀 늦었죠? 어렸을 적에 몸담았던 야구팀 친구들이 제가 리복이나 나이키 에어가 아니라 브룩스 브랜드의 스니커즈를 신는 걸 가볍게 놀렸습니다. "그 신발은 약국에서 신는 거냐?"고 말이죠. 그래서 전 "아니, 우리 엄마가 사다 주신 거야" 라고 말했습니다.

50

30 Juno: 제이슨 라이트먼 감독의 인디 영화로, 인디한 취향을 가진 소녀 '주노'의 임신과 육아, 입양까지의 과정을 독특한 감각으로 그려낸 2007년 작품.
31 Adam Gopnik: 미국의 작가, 에세이스트, 논평가. 1986년에《뉴요커》에 '야구, 유년시절, 르네상스 예술'의 상관관계에 대한 소고를 발표하면서 전속 필자로 활동하기 시작했고, 1995년엔《뉴요커》파리 특파원으로 활동하며 파리의 라이프스타일에 관한 글을 썼다. 이 글을 모아 2000년에 출간한 에세이집《파리에서 달까지》Paris to the Moon는《뉴욕 타임즈》의 베스트셀러가 되었다. 그밖에도 기독교와 다원주의의 호환성을 주제로 한 예술

컵스카우트에 입단했지만, 유년단 분대 어머니의 아들이
절 밀쳐 바닥에 넘어뜨리더니, 무릎으로 제 배를 몇 번이나
내리찍는 바람에 한바탕 울고 나서 탈퇴했습니다. 이런
경험을 바탕으로 지금까지 온 것입니다. 그렇지 않았다면
제가 오늘 이렇게 여러분 앞에 설 일도 없었을 겁니다.
아, 과거가 주마등처럼 스치네요.

8. 힙스터들이 낙태반대운동을 벌일지도 모른다.
진심을 담아서 한 말은 아니었지만, 영화 〈주노〉[30]를
보고 나서 그런 말은 입 밖에도 꺼내는 게 아니었다고
후회했습니다. 이제 저는 알라스카에 사는 부자가 아니라면
서른 전의 출산은 금지해야 한다고 믿고 있습니다.

9. 힙스터는 이를테면 커트 코베인과 애덤 고프니크[31]의
조합쯤으로 상상 가능한 '인디 여피[32]로 변질됐다.
또 제 실수입니다. 만약 커트 코베인이 우울증을 극복하고
다른 쪽 극단에서 아버지의 기쁨을 경험했다면, 그는
어떻게 됐을까요? 그가 투어를 그만 두고 부자 동네인
어퍼 웨스트사이드의 코오프 빌딩으로 이사를 갔다고
해도, 아이를 두엇 더 낳았다고 해도, 그의 탁월한 문학적

에세이를 기고하기도 했다.
32 Indie Yuppie: 여피는 도시 주변을 생활 기반으로 삼고 전문직에 종사
하면서 신자유주의를 지향하는 젊은이들을 지칭하는 말로 'young urban
professionals'의 머리글자 'yup'와 '히피(hippie)'의 뒷부분을 합성하여 만든
말이다.

재능을 살려 성공적인 중년 특유의 해학을 녹여낸 산문을
집필했다 해도, 훈제 모짜렐라 치즈를 좋아하게 되었다
해도,《뉴요커》전속 필자가 되었다 해도 놀랍지 않았을
것입니다. 최종 분석 결과, 커트 코베인과 애덤 고프니크는
같은 사람이고, 우리 역시 그와 같은 사람입니다. 저와
여러분, 그리고 우리가 알고 있는 모든 사람들이요.

10. 힙스터 집단은 곧 못된 힙스터와 착한 힙스터 사이의 내분으로
전쟁터가 될 것이다.

미래를 예상하는 건 결코 현명한 행위가 아닙니다. 지난
2년 동안 제 예상은 단 하나도 맞지 않았으니까요. 젊은이들
중에서 착한 사람들과 못된 사람들이 함께 힘을 합쳐
쿨한 태도를 거두고 한 사람에 대한 지원을 아끼지 않은
결과, 현재의 대통령을 뽑지 않습니까? 전 너무나 바빠서
선거인명부에 등록도 못 했고 투표도 못 했지만, 마음만은
그들과 하나였습니다. 그리고 곧 깨달았습니다. 제가
지금 막 지나온 (어떤 이는 '마구잡이'aught라고 하고 또
어떤 이는 '무가치한' naught 시대라고 부르는) 시대에 대한
적절한 반응은 허무주의가 아니라 성실성이었다는 사실을
말입니다. 또한 앞으로 다가올 새로운 시대도 성실성을

요구하고 있습니다. 그러니 이제 새로운 시대가 오면
저 같은 사람은 궁상맞은 유물에 지나지 않게 되겠죠.
예전 같았으면 2류 힙스터라고 불렸을 것입니다.
그런 이유로 저는 지금 여러분께 사과를 드리며, 특히 젊은
세대들, 이제 인생의 잎사귀를 틔워가는 이십대 여러분에게
사과하고 싶습니다. 여러분은 인터넷을 사랑하고, 멋진 미래에
대해 의심하지 않는다고 들었습니다. 또 권태 같은 건 전혀
모르며, 코카인의 장점으로 디너파티에서 흡입하면 난장판을
순식간에 정리할 수 있다고 생각한다는 이야기도 들었습니다.
여러분 중 한 분이 어제 제게 이런 편지를 보내 주셨습니다.

> 힙스터는 문화에 관심이 많은 젊은이들을 비꼬는 표현입니다.
> 실체가 존재하지 않는 용어죠. 문화에 대해 관심을 갖는 현상이
> 아니라면, 그것은 미국 사회라는 거대한 연못 위에 뜬 거품
> 이상은 될 수 없습니다. 자의식, 기만, 애정을 가장할 뿐입니다.
> 여기 모인 모든 사람들은 죽었다 깨어 난데도 어떤 중재도 없이
> 예술을 즐기는 사람이 있다는 것을 믿지 않을 것이기 때문입니다.
> 멍멍. 뉴욕은 독이다.

53   제가 바로 그 독이었습니다. 독을 품은 미혼남이었습니다.

그러니 전 이만 여기서 꺼지겠습니다. 여러분은 미래를
향해 신념을 갖고 나아가며, 누구의 간섭도 받지 않은
여러분만의 기쁨을 누리실 수 있을 겁니다. 조언을
드리자면, 빚에 허덕이는 불상사는 없기를 바랍니다.

리마의 뱀파이어

_ 제이스 클레이튼

한 달 간의 투어를 마치고 지금 막 뉴욕으로 돌아와 이 글을
쓰고 있다. 그 중 한 주는 멕시코시티에 가서 젬 코헨[33]의 새
영화의 라이브 사운드트랙 작업에 참여했다. 멕시코시티에서는
젬 코헨의 회고전이 열리고 있었다. 젬은 푸가지[34]의 가이
피치오토Guy Piccioto, T. 그리핀, 엑스[35]의 앤디 무어Andy Moor,
그리고 나를 초빙해 OST를 만들고 싶어 했다. 그러나 나를
부른 건 젬이지만, 그를 부른 건 다름 아닌 힙스터들이었다.
주최자는 매우 상냥한데다 유능하기까지 했다. 딱 달라붙는
청바지와 플란넬 셔츠 즐겨 입었는데, 맛집을 줄줄이 읊으면서
건조하고 썰렁한 유머를 던졌다. 정작 그를 만난 사람들이

33 Jem Cohen: 뉴욕 태생의 영화감독. 16mm 필름에 도시의 풍경을 관찰자적
시선으로 담아낸 작품으로 각종 인디펜던트 영화상을 수상했다. 뮤지션과
다양하게 협업하는 것도 그의 특징 중 하나.
34 Fugazi: 미국 펑크록 밴드.
35 Ex: 네덜란드의 펑크록 그룹.

하나같이 기억하는 건 그의 콧수염이었다. 멕시코 스타일의
숱이 많고 근사한 콧수염은 버트 레이놀즈도 부러워할 만
했다(코 밑에 넥타이를 매고 있는 것처럼 보였다). 그러나
며칠 뒤 나는 다른 시대를 살고 있는 것처럼 똑같은 모양의
인상적인 콧수염을 기르고 있는 멕시코 힙스터들을 보게
되었다. 그런 작은 콧수염 조각은 1970년대의 소산으로,
일종의 레트로 쿨 유행을 따른 것처럼 보였다. 미국에서라면
게이로 오해 받았을 것이다. 그러나 멕시코시티의 힙스터들은
힙스터의 역사에서는 아이러니로 여길 콧수염을 자기 집단의
동질성의 표식이자 외부와 구별 짓는 상징으로 여기고 있었다.
여하간, 그 친구와 이야기하면서 그가 사는 동네에 대해 운을
띄우자 그는 '우리 동네는 지나치게 힙스터적이라서요……
로마로 이사할까 해요'라고 답했다. 이처럼 힙스터주의와
힙스터 혐오증은 이제 전 지구적 현상이 되었다.

　　　　　이제껏 내가 만난 사람들 중 가장
극렬한 안티 힙스터는 페루의 리마에서 온 친구였다(그를
편의상 '카를로스'라 부르겠다). 작년 12월, 리마에서 몇
차례 공연을 했는데, 그때 이 친구가 리마의 힙스터에
대한 이야기를 꺼냈다. 카를로스는 페루에서 힙스터는

＋ 젬 코헨이 감독한 밴드 '푸가지'의 다큐멘터리.

등장한 지 2년이 채 안 된 새로운 현상이며 피치포크[36]
웹사이트가 리마 힙스터의 탄생에 크게 이바지했다고 봤다.
페루의 힙스터주의는 쿰비아 음악을 무시하던 중산층
자녀들이 어느 날 갑자기 파티 때마다 그 음악을 틀고,
그 음악에 맞춰 춤을 추게 된 것을 의미했다. 이 모든 게
〈치차의 뿌리: 페루의 싸이키델리아 쿰비아〉Roots of Chicha:
Psychedelic Cumbias from Peru[37]라는 타이틀의 컴필레이션에서
시작되었다. 이 앨범을 발매한 건 프랑스에서 운영하는
브룩클린 소재 레코드 레이블 '바르베스'이다. 쿨한 뉴욕
레이블 덕에 페루의 젊은이들이 오래된 자국 음악에 새롭게
눈을 뜬 셈이다. 이를 단순히 재맥락화라고만 볼 수 없는 것이,
패션은 촌스럽고 '힙한' 면에 있어서도 심각하게 뒤떨어진
페루 문화가 기타와 약물과 70년대 패션과 비극적인 비행기
추락사고와 레트로치크[38]를 아우르는 지구촌 담론의 장으로
입성했기 때문이다. 최근 바르베스가 직접 만들어낸 마케팅
용어인 '쿰비아 사이키델리아'cumbias psicodélicas가 리마
힙스터 사전에 등재되었다. 리마에 가기 전, 리마에 있는
친구들에게서 〈치차의 뿌리〉 앨범을 사다 달라는 부탁을
수도 없이 들은 터라, 수십 장을 사 들고 갔다. 리마에서는
수입 앨범의 가격이 터무니없이 비싼 탓이었다. 그런데

36 1995년 시카고에서 창간한 인터넷 대중음악 웹진. 인디 음악에 관한 평론에
무게를 두고 있으며, 신랄한 평론과 별점 평가로 유명하다.
37 쿰비아는 콜롬비아 카리브 지역에서 탄생한 춤곡 스타일로, 미국에 최초로
소개 된 페루 전통음악 앨범이라 할 수 있다. 1960년대 말, 페루에서 유행한
쿰비아 음악을 비롯해, 쿠바, 안데스 지방의 음악을 함께 소개해 큰 반향을
일으켰다.
38 retro chic: 현재는 통용되지 않는 15, 20년 전의 패션이나 문화코드를 동경해
모방하는 복고 문화. 특히 여성들의 복고 패션 취향을 의미한다.

＋〈치차의 뿌리〉 앨범 재킷.

리마 어디에서나 볼 수 있는 중고 레코드샵만 가더라도
바르베스 컴필레이션에 수록된 오리지널 쿰비아 음악과,
비슷한 부류의 음악을 얼마든지 구할 수 있다. 요새 들어
가격이 오르긴 했지만 컴필레이션보다는 훨씬 더 저렴했다.
에누리 없이 보면 페루 힙스터들이 주체할 수 없을 정도로
돈이 많고, 뼛속까지 식민화되었다고 할지 모른다. 이 부자
아이들은 가엾게도 자국 문화의 가치를 자국이 아닌, 더 세련된
외국에서 재포장될 때에만 알아차린다. 카를로스는 이런
태도를 신봉하는 데에서 한 술 더 떠 이키토스[39] 마약왕의 십대
딸에게 집착했다. 그런 여자야말로 '진국'이라고 생각했기
때문이다. 그가 그해 여름에 만난 마약왕의 딸은 진정성과
경험의 화신이었다. 그런데 천하의 마약왕 딸이 인터넷에
접속하기를 기다리는 동안 잠을 이기지 못했던 그는, 결국
AIM[40]에서 그녀와 채팅을 할 수 있었다. 제 아무리 정글에서
온 위험하고 섹시한 진국이라 한들 모종의 강력한 매개는
필요한 법이다. 요는, 한 사람이 힙스터에 대해 개인적으로
투사하는 것이 또 다른 사람에겐 그것과는 정반대의 환영을
낳는다는 것이다. 상황은 순식간에 초현실적으로 변질될 수
있다. 그래서 좋이 해묵은 데다 모순적인 의미로 통용되는
힙스터의 입지를 누군가는 열망하게 되는 일이 생기기도 한다.

39 페루, 아마존 강 유역의 수상도시.
40 AOL 인터넷 웹브라우저 채팅 사이트.

각설하고, 나는 리마의 힙스터를 다르게
본다. 하위 계층의 음악이었고 쿨함과는 동떨어진 데다
다분히 지역적이던 페루 음악은 그 일부가 세계무대에 등장한
시점에 이르러 열려 있고, 시의적이며, 코스모폴리탄한
것이 됐다. 치차 쿰비아 밴드는 폭넓은 팬을 확보했다.
페루를 가두고 있던 빗장이 풀리고 문이 열린 것이다.
내킨다면 계속 밀고 나가 훨씬 더 넓힐 수도 있다. 쿨한
브룩클린의 컴필레이션 덕에 음악의 한 영역, 더 나아가
하나의 사회적인 가능성이 리마의 상대적으로 부유한
지역에 자리 잡은 것이다. 그 사실까지 무시할 수는 없다.
힙스터에 반대하는 관점은 힙스터의 융성이 본질적으로
인터넷의 확산과 관련 있다고 주장한다. 이전까지는 한
개인의 스타일에 머물던 패션이 이제 블로그를 통해 공공에
퍼지면서 하나의 트렌드, 하나의 상품으로 부상했다는
것이다. 각 도시마다 힙스터들이 출현하게 된 배경에 그
도시의 인터넷 속도가 큰 영향을 미쳤다는 것은 일리 있는
주장이다. 하지만 리마의 경우를 새로운 현상이라 할 수 있는
이유는 그곳의 인터넷은 여전히 느리고 비싸기 때문이다.
힙스터는 디지털을 매개로 개인의 자의식이 공공으로
확장된 현상이며, 그 탄생은 개인성에 공공성이 더해졌음을

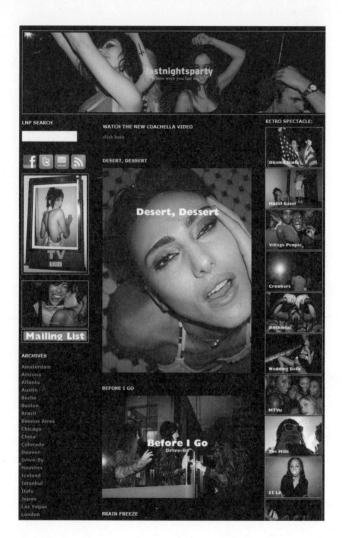

＋전 세계 힙스터들의 밤 문화를 한 눈에 살필 수 있는 웹사이트
www.lastnightsparty.com.

시사한다. 페이스북 같은 소셜네트워크 사이트와 라스트나이츠파티닷컴lastnightsparty.com를 통해 그 사실을 분명하게 확인할 수 있다. (그러나 특이한 점은 힙스터 문화의 전파 역시 일반 기업에서처럼 윗사람의 뜻이 아랫사람에게 전달되는 형태로 일어난다는 사실이다.)
매일 거리에서 찍은 패션 사진을 업데이트해서 유명해진 웹사이트를 운영하는 칠레 친구 한 명이 있다. 그녀는 세계적인 스니커즈 브랜드의 후원을 받고 있다. 이런 경우는 흔하다. 다른 브랜드들도 그녀에게 웃돈을 주고 '거리 패션' 사진을 자사의 최신 스타일로 도입하고 있는지도 모르겠다. 힙스터에 관한 대부분의 논의는 비주류 문화와 주류 문화 사이에 본질적인 차이가 있었던 시절에 대한 향수를 표명하는 것 같다. 어쨌거나, 힙스터의 활동 지역에 따라 외양적으로도 큰 차이가 나타난다. 나도 인정하는 바이지만, 리마에서 뱀파이어처럼 차려입은 힙스터를 찾는 일은 쉽지 않았다. 한 마디로 리마의 힙스터들은 뉴욕의 힙스터 만큼 쿨하지 않다는 뜻이다. 구매력은 비교도 할 수 없는 정도다. 뉴욕에 버금가는 힙스터 문화를 보려면 북유럽이나 두바이 정도는 가야한다. 두바이는 언제나 런던이나 LA, 뉴욕,

도쿄의 최신 유행과 속도를 같이하고, 스칸디나비아는

유전적으로 우월한 패션 감각을 물려받았기 때문이다.

몇 달 전, 오스트리아 그라츠 공연에서 기묘한 경험을
했다. 백스테이지 쪽에 있는 젊은이들이 거의 전부
착 달라붙은 바지에 화려한 티셔츠와 후드 셔츠,
트럭커 햇에 고급 스니커즈를 신고 있었는데, 마치
베드포드 애브[41]에 있다는 착각이 들 정도였다.
오스트리아 관객 뿐 아니라 그곳에 와 있는 크로아티아와
슬로바키아 출신도 마찬가지였다. 하지만 힙스터가 아닌
젊은이들은 정말 별 볼일 없었다. 관객들 가운데 열두 명
정도는 드레드록[42]을 했지만 래스터패리언[43]과는 무관한
백인들이었고, 나머지 친구들의 패션도 볼썽사나울 정도로
촌스러웠다. 차라리 2000년대에 스페인, 특히 바르셀로나에서
멀릿록[44] 헤어스타일을 한 어린 친구들을 만나는 편이
낫겠다는 생각이 들 정도였다. 스페인 멀릿패션에 아이러니를
즐기는 제스처 같은 건 없다. 그들은 《바이스 에스파냐》[45]가
창간되기 오래전부터 패션과 무관하게 멀릿록을 즐겨왔다.
힙스터의 유형에 관해 내가 가장 궁금한 것은 힙스터에
관한 대화에서 정작 다루지 않는 것들이다. 예를 들어, 고급
주택화gentrification와 이웃의 변화에 관한 토론에서 틈만
나면 힙스터를 비판하지만, 정작 자신은 예외로 하는 것처럼

64

---

41 브루클린에 있는 16.4km에 달하는 거리. 브루클린의 문화적, 인종적 다양성을
표방하는 대표적인 거리이기도 하다.
42 머리칼을 가닥가닥 꼬아 기른 헤어스타일로 일명 레게 머리라고도 불린다.
43 에티오피아의 옛 황제 하일레 세라세Haile Selassie를 숭상하는 자메이카 종교
신자. 전 세계의 흑인들이 언젠가는 아프리카로 돌아갈 것이라고 믿고, 드레드록과
같은 독자적인 패션과 행동 양식을 고수한다.
44 레너드 스키너드, 데프 레퍼드, 마운틴, 에디 머니 같은 1970~80년대
록밴드들이 즐겨 한 헤어스타일로, 앞머리는 퍼머를 해 자르고, 뒷머리는 길게

말이다. 사람들은 부모에게 원조를 받아 집세 걱정이 없는 힙스터들 때문에 주변 시세가 뛰고 다른 이들은 피해를 본다고 하면서, 힙스터가 아닌 이들에 대해선 '그냥······ 같은 동네 사람이니까'라고 말한다. 중립적이고 싹싹한 태도로······ 이렇게 황당한 편견이 있을 수 있을까?

앞서 크리스천이 이야기한 대로, 안티 힙스터의 논리는 편협하기 때문에 힙스터에 관한 질문에 대해서도 악의 가득한 농담이나 빈정거리는 대답을 듣는 경우가 많다. 특히 고급 주택화에 관한 논쟁에서 그렇다. 애초 예술가라는 사람들이야말로 고급 주택화를 초래한 돌격부대라 할 수 있다. 그리고 예술가들이 자리 잡기 전부터 이미 동네 토박이들이 섣부르게 집을 사고, 이런 저런 것들을 상점, 임대주택 등으로 내어준 경우가 더 많다. 힙스터들이 주택가에 등장했을 땐 이미 고급 주택화가 한창 진행 중이었다. 아무튼, 문신을 한 백인들이 면접도 건너뛰고 웨이터로 일하는 근사한 커피숍이 등장한 상황은 주택가도 곧 쿨함의 절정에 도달할 것이라는 사실을 암시한다. 부쉬위크로 이사 간 사람들이 옷장을 열면서 난 힙스터가 아니야, 부모님한테 집세를 받지 않잖아? 뭐, 한물 간

65

꼬리처럼 기른 모양.
45 뉴욕을 기반으로 전세계 19개국에 활동하는 국제적인 미디어 기업 Viceland 에서 무료로 배포하는 《바이스》의 스페인판.

컨트리 음악을 즐겨 듣긴 하지만 자조 섞인 행동을 하지는
않잖아?라고 말하는 것을, 그리고는 주택가를 망치는 건
어디까지나 힙스터이지 자신들은 아니라고 생각하는 성질
고약한 이들과 닮아가는 모습을 상상해 본다. 나는 힙스터에
대한 논의가 계층적 관점에 머물러서는 안 된다고 생각한다.
사회이동[46]이나, 사회이동의 결여로까지 확장되어야
한다. 잡지사에서 푼돈을 받으며 인턴으로 일하느라
넉넉지 않은 삶을 산다고 해서 곧바로 노동계급이 되는
건 아니다. 편견에 사로잡혀 스키니진을 입은 삐쩍 마른
녀석들을 욕하는 대신, 도시를 가꾸는 것도 도시를 망치는
것도 스스로에게 달렸다는 사실을 분명히 알아야 한다.

66

46 개인 또는 집단이 어떤 사회적 위치에서 다른 사회적 위치로 이동 또는
변화하는 현상을 가리키는 사회학 용어.

토론

마크 그리프: 이제 토론으로 넘어가겠습니다. 《n+1》의
앨리슨 로렌첸 기자가 앞으로 토론을 진행할 것입니다.

리아 멜처: 마크, 일전에 계급이동에 대해 이야기한
적이 있죠? '중하층 계급의 낭만화'라고 언급하셨는데,
그 의미에 대해서 좀 더 들려주시겠어요?

그리프: 노먼 메일러가 살던 시절엔 독특한 분위기가
있었어요. 메일러는 주류사회와 경직된 사회를 싫어했지만,
개인의 에너지는 원했죠. 그러나 나중에 가서는 그가 말한

개인의 에너지가 결국 오르가즘이었다는 것이 밝혀졌죠.
아마도 라이히 요법[47]이 발표된 후, 메일러는 흑인 문화
속에서 오르가즘의 에너지만 찾았던 것 같습니다.
백인 힙스터를 하나의 인물 유형으로 생각하다보니 한
가지 흥미로운 사실을 발견했습니다. 트럭커 햇을 비롯한
여러 가지에 대해 의문을 갖기 시작했을 때의 일입니다.
제가 생각하기에 최초의 힙스터로 볼 수 있는 사람들은
사실 꽤 다른 계층에 속해 있었습니다. 로버트 랜햄 씨가
쓴《힙스터 핸드북》은 제가 알고 있는 최고의 책입니다.
마침 로버트 랜햄 씨가 오늘 이 자리에 특별 손님으로
초대되어 나오셨습니다. 랜험 씨가 오늘 여러분의 질문에
답을 하실 계획입니다. 먼저 제가 질문을 드리겠습니다.
정확하게 기억나지는 않지만 이 책에는 힙스터를
상정하고 만드신 것 같은 'WASHes'라는 집단이
등장합니다. 'WASHes'는 대체 누구죠?

로버트 랜햄: 웨이터와 서비스업에 종사하는
힙스터들Waitstaff And Service Hipster이었죠.

68   **그리프:** 역시 그랬군요. 책에는 지역사회의 구성원으로

47   오스트리아 태생의 정신분석학자 라이히Wilhelm Reich(1897~1957)가
창시한 성기능 장애 치료 요법. 기존의 정신분석이나 심리치료보다 신체적,
성격적인 면을 다루는 대체의학적 접근법으로, 비정상적으로 억제된 성 에너지를
효율적으로 분출시켜 성기능 장애 등을 치료한다. 특히, 감정을 억제하는 데
필요한 것이 에너지이고, 에너지가 부족할 때 질병이 발생한다는 원리를 중시하고
있다.
48 미국 컨트리 뮤지션.

살아가는 그들에 대한 사례가 등장합니다. 신분 상승을 꿈꾸는 중하위 계층 사람들과 예술가적 보헤미안 스타일의 사람들까지 언급됩니다. 하지만 이들 대부분은 신분 하강을 원한다고 말하는 상류층에게 커피와 맥주를 접대하는 신세로 끝납니다. 아무튼 두드러지는 특징은, 백인 힙스터 시기에 양쪽 집단 모두 노먼 메일러와 같은 욕망을 가졌다는 겁니다. 가축을 키우는데 과도한 에너지가 소모된다는 사실을 알면서 어떻게 육류를 먹을 수 있죠? 터프해지기 위한 에너지는 어떻게 얻죠? 결국 우리는 트레일러 파크와 멀 해가드[48]의 상상력으로 다시 돌아가야 합니다. 이런 제의적인 힘을 통해 다시 하위 계층, 즉 '무법의' 백인 타자의 세계로 접근할 수 있습니다. 그렇지만 계층이동에 대한 진짜 질문은 궁극적으로는, 더는 이동할 수 없게 된 사람들에 대해 제이스가 던진 질문이 될 겁니다. 그렇지 않나요?

닉 딜레이니: 먼저 오늘 토론이 잘 진행되기를 바라며, 제 머릿속에 떠오른 생각 하나를 말씀드리겠습니다. 하위문화의 문제는 늘 경제적 기반과 관련 있습니다. 힙스터란 말이 처음 생겨난 1950~60년대, 그리고 이어진 70~80년대에는 심지어 뉴욕에서도 부르주아 사회를 박차고

나와 우체국에 취직한 다음 보헤미안으로 살아가는 일이
가능했습니다. 현재는 어떤가요? 당연히 불가능하죠.
그래서 든 생각인데, 힙스터란 '살벌한 생존경쟁? 집어 치워!
난 우체부가 될 거야!'라고 말할 수 있었던 시절에 대한
향수가 아닐까요? 그런데 당시에는 우체부는 되기도 쉬웠고,
봉급도 꽤 괜찮은 편이었어요. 그렇게 살아도 좋은 회사에
취직한 명문대 졸업생의 3분의 2는 벌 수 있었죠. 하지만 지금
우체부의 봉급은 명문대 졸업장을 가진 여피들의 5분의 1에
불과합니다. 당연히 그들의 구매력을 따라갈 수도 없죠.

그리프: 맞는 말씀 같습니다. 백인 힙스터에 대한
역해석이 될 수 있겠네요. 말씀하신 것처럼, 수입
분배가 비교적 균등했고 전반적으로 비슷한 생활수준을
누릴 수 있었던 시절에 대한 향수로 말이죠.

앤드류 레빈: 제이스 클레이튼이 남미에서 겪은 이야기에
대한 질문을 먼저 드리고 싶습니다. 탈식민주의
권력과 그 이전 식민국가라는 양쪽 차원에서 볼
때, 여러분이 생각하는 힙스터주의가 탈식민주의가
제기한 문제들을 해결하려고 애쓰는 젊은 세대를

위한 하나의 방법론이 된다고 생각하십니까?

프랑스나 과거 프랑스 식민국가의 힙스터, 아니면 프랑스어를
사용하는 지역의 힙스터는 스스로를 '브랑셰'branchés라고
부릅니다. 그런데 이들도 미국 힙스터들이 과거에 대한
향수, 이를테면 컨트리 음악이나 교외 생활에 주목하는 것과
똑같은 방식으로 1950년대 프랑스 회사가 방송용으로, 혹은
식민국가 내에서 출간을 목적으로 제작한 옛날 광고 같은
식민시대의 산물을 끌어들이는 경향을 보이잖아요. 혹은
식민시대 풍으로 꾸며진 식당에 즐겨 가죠. 그런데 그들 중에
식민시대를 경험했거나, 하다못해 과거에는 식민지였던
곳을 여행해 본 친구가 한 명이라도 있는지 의문입니다.
어떻게 생각하세요? 상황이 이런데도 정말 힙스터주의가
탈식민주의와 관련된 문제를 해결할 수 있을까요?

제이스 클레이튼: 지난 15개월 동안 남미를 여행하면서 참
많은 것을 경험했습니다. 그 경험에 비춰 생각해보면……
힙스터는 결코 대안이 될 수 없다는 것이 제 결론입니다.
제 생각에 힙스터가 비난받는 가장 큰 이유는 지나치게
미국 중심적이고 유럽 친화적이기 때문이에요. 단적인
예로, 부에노스아이레스는 남미를 대표하는 힙스터

도시임에도 언제나 파리나 런던을 모델로 삼는다는 거죠. 페루의 수도 리마에서는 지금 쿰비아라는 전통 음악이 크게 유행하고 있습니다. 거리 곳곳에서 들을 수 있죠. 하지만 정작 그 음악은 컴필레이션 앨범 한 장이 영국에서 수입되면서부터 리마에서 주목을 받기 시작했죠. 훌륭한 해설지와 삼십 년 전의 페루 음악인들을 찍은 화려한 사진들로 재포장돼 역수입되었다는 말입니다. 그렇기 때문에 많은 사람들이 라틴아메리카의 힙스터주의는 포스트식민주의와의 싸움에서 이미 패배했고, 다시 싸워 이길 가능성도 전혀 없다고 보는 겁니다.

그리프: 프랑스에 계실 땐 어땠나요?

클레이튼: 프랑스에 있을 때요?

그리프: 네, 프랑스는 참 독특한 나라인 것 같아요. 1999년에 프랑스에 계셨을 때, 그들이 힙스터를 뭐라고 불렀다고요?

레빈: 브랑셰[49]. 프랑스 힙스터들은 자신들을 그렇게 불러요. 그냥 영어를 그대로 쓰는 사람들도 있는데, 그때는

72

49 토론이 끝난 후에 조사해보니 프랑스인들은 그냥 미국 용어를 받아들여 힙스터라고 하는 것 같다. 힙스터가 여전히 수입된 현상이라는 것을 시사한다. 브랑셰란 말은 좀 더 역사가 있고, 더 일반적인 용어이다. 영어로 '트렌디'란 말에 가깝고, 또 '정통한' '사정을 잘 알고 있는' 이란 뜻과도 연관이 있다. 브랑셰보다 더 힙스터에 가까운 말이 있다면 브랑슈이르branchouille로, 최근 발음이 변형된 것을 알 수 있다. 좀 더 엄밀하게, 폄하하는 의미에서 힙스터에 근접한 용어는 보보bobo이다. 보보는 쿨한 행동거지를 갖고 있지만, 돈이 많은 부류를 부를 때 사용하는 용어이다. 그들은 예술을 하는 척하지만 사실은 신발을 살

'입스떼르'eepstair라고 발음하죠. 프랑스인들도 영어와
미국식 슬랭을 수도 없이 갖다 쓰지만, 그들이 힙스터란
의미로 가장 많이 사용하는 말은 브랑셰입니다.

그리프: 어떤 사람이 제게 "제가 아주 쿨한 술집으로
모실게요"라고 말했던 적이 있어요. 그런데 그 쿨한 술집이란
곳이…… 사실 제가 보기에는 프랑스 식민지 시절의
인도네시아를 흉내 낸 분위기였죠. 우린 릭쇼[50]에 앉아서
오리엔탈풍으로 차려입은 웨이터들의 접대를 받았죠.

클레이튼: 전 그런 데는 안 가요. 확실히
'탈식민주의적인 시크함'이라는 게 있는 것 같아요.
아마도 덜 계몽되었던 시절에 대한 향수겠죠.

레빈: 저도 그런 술집에 실제로 가본 적이 있어요.
누가 데려가서 갔죠.

그리프: 끝내주는데요. 유럽을 통틀어 그런 술집은
딱 한 군데 뿐인데.

73

뿐이고, 급진적인 척하지만 특권을 버리지는 못 한다. 보보는 논리력이 별로 없는
데이빗 브룩스(미국 저널리스트)가 만들어낸 용어이다. 브룩스 자신은 나날이
거품이 빠지고 있는 이 급진적인 용어를 지지하지만, 정작 그 의미는 '부르주아
보헤미안'으로 축소되어가고 있다. 브랑셰, 보보, 두 용어 모두 당연히 19세기에
영어에서 유입된 프랑스 용어이다. 독자인 엘리자베스 스탁과 세드릭 듀로가 이
용어를 정정하는 데 도움을 줬다. [저자 주]
50 인도와 방글라데시 등지에서 쓰이는 인력을 이용한 교통수단으로 일본어의
'리키샤(力車)'의 발음이 변화되어 만들어진 말.

레빈: 그곳에 가면 1950년대 노래가 나오죠. 베트남이나
서아프리카로 가서 낭만을 즐기자고 노래하는
싸구려 프렌치 팝 말이에요. 그런 음악도 그 술집의
방침이겠죠. 그런 걸 프랑스에서만 볼 수 있는지, 아니면
스페인이나 과거 스페인, 포르투갈 등의 식민지였던
국가에서도 볼 수 있는지는 잘 모르겠네요.

크리스찬 로렌첸: 마크, 얘기를 듣다보니 노먼
메일러의 《하얀 흑인》이 떠올랐어요. 결말 부분인데, 제
기억으로는 '당시는 짐 크로우 법[51]이 유효했기 때문에
백인들은 다른 인종과의 결혼을 두려워했다'고 말하고
있습니다. 당시의 생각이 지금 말하는 탈식민주의의
개념과 조금이라도 유사점이 있다고 보시나요?

그리프: 글쎄요. 메일러와 다른 나약한 지성인들은…… 아,
제가 이 나약한 지성인들을 놀려먹으려는 건 결코 아닙니다.
어쨌건 그들은 '사악한 백인들'은 흑백결혼을 두려워한다고
생각하죠. 그럼에도 1840년대부터 지금에 이르기까지
흑백결혼과 출산이 미국의 인종 문제를 해결할 수 있는 유일한
해결책이라는 환상이 존재하고 있습니다. 일종의 숭고성의

74

---

51 공공장소에서 흑인을 백인과 분리하고 차별하도록 규정한 미국 법으로
1876년부터 1965년까지 존재했다. 짐 크로우는 흑인을 경멸적으로 칭하는
말이기도 했다.
52 풍자 뉴스를 싣는 미국의 뉴스 사이트.

일환으로, 또한 대안은 일종의 정의나 보상을 담보하고
있다는 생각에서 유일한 해결책으로 보았던 것 같습니다.
이제 힙스터 이야기를 해 볼까요. 예를 들어, 사회적으로는
점점 더 계층 구분이 확실해지고 있지만 트럭커 햇에 벨트
버클에 콧수염을 기른 백인 힙스터는 현실을 무시하고
과거로 회귀하고 있다고 생각하십니까? 이를테면 계층
간 출산이 가능했던 시절로요. 모르겠습니다. 만일
그렇다면 훨씬 더 낙관적인 독해가 되겠군요.

앨리슨 로렌첸: 여기서 잠시 마이크 앞에 계신 분의
이야기를 들어보도록 하죠.

앤드류 피나: 최근에 어니언[52]에서 재미있는 기사를
읽었습니다. 헤드라인이 '힙스터 일당, 노숙자야말로
진정한 친구였음을 깨닫다'였죠. 칼럼을 보니, 힙스터와
노숙자는 같은 중고가게에서 물건을 샀고, 같은 브랜드의
맥주를 마셨다고 나와요. 꽤 잘 쓴 기사였어요. 여러분은
힙스터, 아니면 힙스터라 불리는 사람과 빈곤한 하류계층
사람들의 관계를 어떻게 보시나요? 또 힙스터는 그들의
사회 계층 향상을 위해 어떤 노력을 하고 있나요?

그리프: [청중을 향해] 이 문제에 대해 의견을 말씀해

주실 분 계세요?

데이브 클루니: 1950년대와 1990년대가 부가 균등하게 분배된

시대는 아니었을지도 모릅니다. 하지만 당시 두 차례에

걸쳐 등장한 힙스터 운동은 분명히 부가 증가하던 시대에

출현했습니다. 50년대와 60년대 초반까지 우리는 전후시대를

보냈습니다. 이후 산업분야에서 우리와 경쟁하던 국가가

몰락하면서 첫 번째 오일쇼크[53]가 왔죠. 탐 울프의《펌프실의

폭도》[54]란 책에는 다양한 청년들에 대한 에세이가 나옵니다.

이것을 보면 당시의 이십 대, 그러니까 불만으로 가득 찼던

청년들은 상대적으로 부유했고 의무도 적었습니다. 그래서

그들은 바다에서 서핑을 즐기고, 눈데이 언더그라운드[55]에도

합류하고, 런던 모드 운동[56]에도 참여할 수 있었습니다.

그때 다시 한 번 경제호황이 찾아왔고, 부를 균등하게 배분할

필요가 없는 시대가 다시 도래 했어요. 반면에 소비자신용[57]이

어마어마하게 늘어났습니다. 소비자신용은 불만 많은 이십대

젊은이들도 사용할 수 있기 때문에 이 시기의 젊은이들은

외부의 제약으로부터 더 자유로워 졌습니다. 군이 농장이나

76   공장에 가서 일을 할 필요가 없게 된 겁니다. 대신 쏨쏨이가

53 1973년 중동전쟁으로 발생한 세계 석유위기.
54 *The Pump House Gang*: 저널리스트이자 에세이스트 톰 울프가
1968년도에 출간한 에세이집으로 1960년대의 다양한 반문화를 고찰하고 있다.
55 Noonday Underground: 1960년대의 모드족들이 점심시간마다 런던의
클럽 '씬Scene'에 모여서 춤을 추던 행사.
56 Mod movement: 1960년대 런던에서 시작된 청년하위문화로 맞춤
남성복을 즐겨 입었고 팝, 소울 음악, 자메이칸 스카, 비트 음악을 즐겨 들었다.
57 신용을 담보로 대금 후불형식으로 상품을 구입하는 것.

+ 1960년대 모드 문화에 열광하는 런던의 청년들.

엄청나게 늘었죠. 쓸 돈은 있는데 의무는 딱히 없으니
그들이 소비에만 몰두하게 된 거예요. 자본주의의 특정한
시점에서 반드시 등장하는 현상이죠. 그러니 힙스터가
노숙자들이나, 실제 사회적 문제, 혹은 계층 문제에 대한
실질적인 비평과 조금이라도 관계가 있는지 따져보는 일은
미학과 취향에 관한 논쟁의 한 가지 방법입니다. 이것은
정치학과 계급 차별에 관한 논쟁과는 또 다른 성격이죠.

사무엘 드와이어: 제 생각엔 힙스터주의의 핵심에는 어떤
지성주의가 있는 것 같아요. 그게 사실이고 《n+1》이
힙스터 출판사라면, 그건 힙스터주의라고 할
수 없어요. 부시 정권 말년에 생긴 것들 가운데
그나마 좋았던 것 정도 밖에 안 되는 거죠.

C. 로렌첸: 힙스터주의의 핵심에 지성주의가 있다는 견해에
반론을 제기합니다. 전 윌리엄스버그에서 2년간 살았던
적이 있어요. 다른 곳에 살 땐, 힙스터다 싶은 사람들은 책을
정말 많이 읽는 것처럼 보였어요. 그런데 윌리엄스버그에서
보니 대다수 사람들이 정말 아는 게 하나도 없었습니다.

A. 로렌첸: 책을 많이 읽는 동네가 어디였죠?

C. 로렌첸: 파크 슬로프, 윈저 테라스, 포트 그린,
클린턴 힐, 캠브리지, 서머빌이요. 그만큼은 아니어도
홉킨튼, 메사추세츠도 꽤 많이 읽었죠.

드와이어: 하지만 다들 추구하는 건 비슷하지 않나요?

C. 로렌첸: 아뇨, 그 사람들이 추구하던 건…… 주로
패션 산업에 종사하는 사람이 많았어요.

A. 로렌첸: 윌리엄스버그에는 언제 살았죠?

C. 로렌첸: 2005년부터 2007년까지요. 한 번은 새벽에 집에
도착해서 문을 여는데 손잡이가 떨어지는 거예요. 그래서
목욕탕 창문으로 기어들어가야 했죠. 전에도 그랬던 적이
있었거든요. 그런데 그날따라 술에 좀 과했는지 쉽지가
않더라고요. 몇 번을 실패하고 있으니 동네 주민 몇 명이
나왔어요. 제가 그때 살던 집이 다른 집 뒤에 있었거든요.
제가 소란스럽게 굴어서 깬 건지…… 아무튼 그 사람들이

집주인에게 전화를 해줘서 집으로 들어갈 수 있었어요.
어찌나 창피하던지, 그날 이사를 가야겠다고 결정했어요.

모린 '모' 차킥: 저는 이 시대의 경제적 현실과
힙스터주의의 실제 의미 사이에 더 거대한 연결고리를
그려 볼 생각이었습니다. 저는 힙스터주의―힙스터가
성장하고, 그 이후 안티 힙스터 운동이 등장한 일련의
과정―의 본질은 자유화의 실패에 대한 책임을 우리
세대에게 전가하기 위함이었다고 생각합니다.
여기 모인 여러분과 우리 세대가 자라면서 원했고, 결핍되어
있었고, 결여되어 있었기 때문에 절대적으로 필요했던
상품은 에너지나 미네랄 같은 양분이 아니었습니다.
그런 건 다 갖추어져 있었으니까요. 우리가, 여기서
우리란 교외 지역에 사는 우리들 다수를 의미합니다.
그런 우리에게 정작 필요했던 건 문화였습니다.
90년대에는 문화의 장으로 입장하기 위해서는 수많은
장애물을 넘어야 했습니다. 하위문화에 입장하려면 불필요한
요식을 수도 없이 거쳐야 했죠. 과정은 더뎠습니다. 늘
관료제에 시달렸습니다. 잡지 보는 일에 익숙해져야
했는데 그조차도 꽤나 노력이 필요한 일이었죠. 그때

58 *The Face*: 1980년에 창간, 2004년까지 발행된 영국 잡지로 첨단hip
문화와 라이프 스타일을 다뤘다.

마침 잡지 《페이스》[58]를 발견했습니다. 정말 엄청난
도약이었죠. 그렇다 해도 익숙하지 않다는 사실은
변함없었고, 스스로 파악해야 할 것들이 천지였습니다.
1999년이 되자, 하위문화는 인터넷과 함께 자유를
맞이했습니다. 처음엔 너무나 경이로웠습니다. 그렇지
않았나요? 그 전에는 모종의 하위문화(가령 펑크나
로커빌리나 트위 등)를 추종하는 사람들에게 사회적인
낙인이 찍히기 마련이었습니다. 그래서 한 번 그 문화의
장에 입장하면 빠져나오기가 상당히 어려웠죠.
그때 힙스터가 등장했습니다. 이전까지의 하위문화 양식과는
다른, 그 고유의 특성마저도 쉴 새 없이 변화하는, 파악하기
힘든 존재가 등장한거죠. 아메리칸 어패럴이라도 입지
않으면 그 사람을 파악하기 어려워진 거예요. 힙스터들의
전폭적인 사랑 덕에 아메리칸 어패럴은 2년 만에 매장을
무려 이백곳 넘게 열 수 있었다고 합니다. 업계에선 예상조차
못했다죠. 이 또한 자유화의 한 사례라고 볼 수 있습니다.
바로 이게 어른이 되기 전까지 우리 세대의
모습이었습니다. 또 우리는 '보너스로 삼백만 달러라고?
우린 그딴 거 필요 없어!'라고 생각했기 때문에, 세대
내의 소득 격차도 어마어마하게 벌어졌죠.

그래도 2001년에서 2007년 혹은 2008년까지는, 먹고 사는 일이 녹록치는 않았지만 뉴욕, 필라델피아, 아니면 시카고 같은 곳에서 어느 정도 살아 갈 수는 있었습니다. 가령, 필라델피아에서는 너도 나도 집을 사 들이기 시작하더니, 집을 ATM처럼 활용하는 것에 익숙해진 것인지, 정말로 그렇게 사용할 수 있게 됐습니다. 이런 곳에는 시대에 뒤떨어진 카피라이터에게도 일자리를 주는 쿨 헌터[59] 직종이 늘 있었습니다. 그래서 다들 악의적인 폭력은 좋아하지 않았어요. 그럼에도 소득 격차는 계속 벌어졌고, 결국 중국의 자금 지원을 받게 됐죠. 좋지 않은 생각이었어요. 이제 우리는, 다분히 감정적인 차원에서, 전에는 몰랐던 것을 알게 되었습니다. 만약 당신에게 상냥하게 굴지 않는 힙스터를 본적이 없다면, 그건 그저 당신이 모자라고 철딱서니 없는 사람이기 때문입니다. 힙스터들은 그런 사람일수록 더 쿨하게 대하니까요.

방청객 중 한 명: 중국인들에게 지원받은 게 뭐였나요?

82   **그리프:** 우리가 진 빚을 그들이 대신 갚아줬어요.

59 한 회사에 고용되어 젊은이들의 패션 동향이나 제품에 대한 의식을 살피는 직종.
60 Squatting: 비어있는 가옥이나 건물을 무단으로 점거하여 사용하는 행위를 지칭한다. 아나키스트들을 비롯한 인권운동가들 중에서 인본주의의 차원에서 스쿼팅을 지지하는 경우도 있어서, 주로 인터넷을 통해 스쿼팅이 가능한 건물을 알려주거나, 스쿼팅에 대한 일반인의 인식을 전환하는 노력을 기울이고 있다.
61 미국 네브라스카 주 동부 미주리 강변의 도시.
62 미국 텍사스 주의 주도.

차킥: 미국 경제는 계속 성장했고 그에 따라 불평등도 심화되었습니다. 특히 금융서비스 분야는 엄청나게 성장했죠. 하지만 의료 분야를 제외한 다른 모든 산업은 쇠락했죠.

그리프: 그래서요?

차킥: 그래서 제 질문은, 그런 사실에 동의하시냐는 겁니다.

롭 오클리: 과거의 힙스터주의건, 현재의 힙스터주의건 상관없이 미국에서의 힙스터주의 미래에 대해 질문이 하나 있습니다. 최근에 리처드 플로리다의 책이나 창조적인 계층이 넘칠 만큼 늘어난 현상을 다룬 책들을 여러 권 읽었습니다. 또 제이스 클레이튼 씨가 "예술가는 고급 주택화의 돌격부대다"라는 말을 하셨죠? 참 마음에 드는 말이네요. 그렇다면 서브프라임 모기지 사태가 한 차례 미국을 휩쓸고 지나간 지금, 힙스터는 교외 스쿼팅[60]과 마찬가지로 더 이상 도시의 현상이 아니라는 건가요? 그렇다면 이제 힙스터주의도 오마하[61]와 오스틴[62]처럼 되는 걸까요? 남녀노소 할 것 없이 초고속 인터넷을 사용할 수 있게 되었으니까요. 또 힙스터주의는 정보 접근의

문제니까, 만약 오바마 행정부가 모든 미국 시민이 초고속 인터넷을 사용할 수 있도록 한다면 힙스터의 미래는 '도시'가 되는 걸까요? 그런데 그게 지금 문제이긴 한 건가요?

클레이튼: 도발적인 질문이네요. 전 사실 '힙스터는 탈도시화다' 라는 개념을 좋아합니다. 도시에선 어느 날 갑자기 너나 할 것 없이 전부 팹스트 블루 리본[63]을 마시고, 뗐다 붙였다 할 수 있는 벨트 버클을 매게 되니까요.

오클리: 모두가 밀워키나 각자의 고향으로 돌아가게 될 거고요.

그리프: 《n+1》 7호에 제이스가 유럽의 스쿼팅 실태를 잘 설명한 글이 있어요. 음악과 문화와 경제학을 통해 설명했죠. 우리는 미국에서 부상하고 있는 예술가의 스쿼팅이나 스쿼팅이 된 지역사회가 궁금했거든요. 예를 들어, 캘리포니아 스톡튼에서 이루어지는 스쿼팅을 보면, 뭐랄까, 동기만 주어지면 가서 새로 지은 집에 가게를 낼 수도 있죠.

A 로렌첸: 캘리포니아 스톡튼은 페이브먼트[64]의 고향이죠?

---

63 Pabst Blue Ribbon: 미국 맥주 제조회사 팹스트가 만든 맥주 브랜드로, 캔에 그려진 푸른색 리본 이미지가 주는 청량함이 특징이다.
64 Pavement: 1989년에서 1999년까지 활동한 미국 얼터너티브 록밴드로 컬트팬들의 지지를 받았다.

+ 밴드 '페이브먼트'

그리프: 원래 페이브먼트의 고향이었고, 지금은 모든 게 다 만만한 곳이 되고 있죠. 또 스톡튼은 미국에서 주택 압류가 가장 심했던 도시[65]이기도 해요. 캘리포니아 안에서는 분명 따라올 도시가 없었죠. 혹시 그곳에서 주택 전체를 스쿼팅 용도로 지은 예술가들이 있나요? 누구 아는 분 계세요? 그곳에 압류된 주택에서 스쿼팅 중인 힙스터도 있나요?

클레이튼: 재미있네요. 힙스터들이 추종하게 될 예술가들과 행위자들 이야기를 하고 있다니 말입니다. 미국에서 가장 성공한 아나키스트 출판사는 크라임스[66]죠. 보워리 시詩 동호회Bowery Poetry Club에 가면서 크라임스에서 출간한 책을 살 수 있고, 또 몇몇 카페에서도 그곳에서 출간하는 서적을 판매하고 있습니다. 아무튼 정말 재미있는 건, 크라임스 직원들이 맥맨션[67] 같은 집에 살고 있다는 사실이에요. 오레곤과 캘리포니아 주 사이에 있는데, 벌써 2~3년 째 살고 있습니다. 지금 당장은 아니더라도 만약 그들이 조만간 떠나면, 힙스터들이 그들의 뒤를 이을 겁니다.

조시 스탠리: 한 가지를 추측해봤습니다. 토론을 들어보니

86 힙스터는 특정한 현상에 대한 반응, 자본주의나 우리가

---

65 2007년에 발생한 서브프라임 모기지 사태로 인해 미국 일부 지역 집값이 폭락하면서 주택 시장이 최악의 침체 국면을 맞았고, 수많은 지역이 주택 압류를 면치 못했는데 캘리포니아 주 스톡튼 지역은 플로리다 주 푼타고다 지역과 함께 주택 침체와 압류가 가장 극심한 곳이 되었다.

66 Crimeth Inc: 아나키스트 운동에 대한 책과 관련 음반을 제작하고 있으며 세계화에 반대하는 각종 캠페인 운동도 주도적으로 벌이고 있다.

67 작은 부지에 크고 화려하게 지은 저택.

살고 있는 특정한 시대에 대한 반응으로 흥미롭게 다뤄지고 있습니다. 저는 혹시 힙스터도 팽창하는 자본주의에 동질화하려는 충동은 아닌지, 자본주의의 필수품에 불과한 건 아닌지 묻고 싶습니다. 저는 현재의 자본주의는 그것이 구현될 수 있었던 많은 가능성들 가운데 하나에 불과하다고 생각하지 않습니다. 오히려 자본주의가 오늘날의 모습을 요구했다고 생각해요. 그렇기 때문에 계층적 차이를 부인하고, 특정한 국가적, 혹은 계층적 의식―이 두 의식은 서로 다르죠―을 표명하길 거부하는 것이야말로 자본주의 특유의 해악이라고 봅니다.

그리프: 그 질문에 대해서는, 지금까지 토론 과정에서 두 가지 대답이 나왔던 것 같습니다. 정리해 보면 첫째, 차이를 주장하는 메커니즘으로써의 힙스터주의입니다. 너도 나도 점점 더 사소한 방식으로 자기 자신을 다른 사람과 구별하려다 보니, 정작 본질적인 문제는 간과하고 있습니다. 둘째는 동질화의 압력으로서의 힙스터주의입니다. 이것이 일종의 종합적 '저항' 소비문화를 만들어냈고, 그에 대해 사람들은 '나는 참여하지 않겠다'라고 말하는 것으로 참여하고 있죠.

스탠리: 그 두 가지를 취하는 방법은 자본주의가 질적 차이로 인식될 것들을 양적 차이로 바꿀 수 있다고 말하는 겁니다.

패디 존슨: 제가 했던 질문은 '향수'라는 용어의 사용과 관계가 있습니다. 요새 향수란 말을 자주 하는데, 특히 문화적 소비와 관련해서 여기저기서 흔하게 쓰고 있습니다. 이때 과연 향수라고 표현하는 것이 올바른 일일까요? 제게 향수는 우리가 이제 더 이상 '베이비시터 찰스'[68]에 대해 이야기 하지 않게 될 것이라는 의미로 다가오는데요. 실제로 그 프로그램에 대한 대화가 한 번이라도 중단되었는지는 알 수 없기 때문에 드리는 질문입니다.

그리프: 향수 때문에 '베이비시터 찰스'에 대해 얘기하는 것을 관둔다니, 왜죠?

존슨: 뭐랄까, 과거엔 좋아했지만 더는 좋아하지 않게 된 것에 대한 일종의 바람 같은 게 담겨 있다고 할까요?

그리프: '베이비시터 찰스'에 대해서도 우린 그렇게 생각하지 않나요?

68 Charles in Charge: 1984년부터 1년간 방영된 시트콤으로 열아홉 살의 학생이 베이비시터로 학업을 보조하며 생기는 일상을 그렸다. 한국에선 '대학생 아이보기 아르바이트'라는 제목으로 방영되었다.
69 Gimme A Break!: 1981년부터 7년 간 방영된 시트콤 드라마로 상처한 경찰 서장과 세 딸의 일상을 그렸다.

존슨: 그래도 여전히 우린 그 얘길
하잖아요. 그 얘기를 그친 적이 없죠.

C. 로렌첸: 저는 친한 친구 중에 한 명이 틈만 나면 '나 좀
살자!'[69]얘기만 해서, 결국 그를 피해 다녔던 적이 있어요.

그리프: 그게 존슨의 질문에 대한 답이 될 수 있을 것
같진 않네요. 저희와 질문자 사이에 보이지 않는 벽이
느껴집니다. 저흰 지금 존슨 씨의 질문의 맥락을
완전히 놓치고 있어요. 다른 분 가운데 대답해주실 분
없나요? 저흰 지금 감이 많이 떨어진 것 같아서요.

청중 가운데 한 명: 말씀하시는 게 보헤미아와 네오
보헤미아의 차이 같은 건지요? 다들 1999년 얘기만
하시는데, 저 같은 경우는 그 해에 고등학교를 졸업했다는
것 말고는 무슨 일이 있었는지 기억이 없거든요.

그리프: 졸업도 그때 일어난 일 가운데 하나죠.

89   A. 로렌첸: 저도 그 해에 고등학교를 졸업했어요.

청중: 존슨 씨, 질문의 내용이 더는 아이러니가 되지 못하고 향수의 대상이 된 지점을 말씀하시는 건가요?

그리프: 향수라는 것은 사실 영속적인 상태라는 질문이었죠?

존슨: 네, 제가 생각했던 것과 비슷한 것 같아요.

그리프: 제 이야기가 적절한 대답이 될지 모르겠습니다. 사람들은 초기 힙스터 주의가 있다는 가정 하에, 초창기의 힙스터는 1970년대를 회상하는 데 집중한다는 사실에 주목했습니다. 그들이 막 태어났을 시절, 부모들의 스타일과 패션을 지향했다는 거죠. 그런데 정말 그런가요? 1999년의 힙스터주의는 1974년의 레저 슈트[70]를 지향하고 있고, 현재의 힙스터주의가 추구하고 있는 레깅스, 레그워머, 오버사이즈 티셔츠는 여러분의 부모님들의 패션과 맞닿아 있나요? 적어도 제가 관찰한 바로는 최근의 힙스터주의는 1980년대를 회고하는 것에 지나지 않습니다. 우리가 힙스터주의에 대해 이야기할 때 그게 꽤 세련된 취향인 것처럼 말하거나, 향수에 대해 이야기할 때 우리가 기억하는 것들이 모종의 실체가 있었던 것처럼 말한다는 점이

70 1970년대에 유행한 평상복 패션으로 같은 천으로 만든 바지와 셔츠로 되어있다.
71 *Tiger Beat*: 1965년에 창간된 소녀 팬 잡지로 가십과 영화, 음악, 패션을 다루고 있다.

염려스럽습니다. '베이비시터 찰스'도 그런 방식으로 기억하죠. 그런데 '베이비시터 찰스'의 주인공이 스코트 베이오였나요?

모든 청중: 네!

그리프: 스코트 베이오에 대한 기억, 그리고 스코트 베이오와 《타이거 비트》[71] 포스터에 대한 열망은 꽤 실질적인 향수인 것 같습니다. 만약 힙스터 집단이 꼭 살아남아야 한다면, 이런 움직임은 걱정스러운 게 사실입니다. 왜냐하면 지금 힙스터 집단이 표방하고 있는 건 사실 열망으로 끝날 스타일 문화에 불과하기 때문이죠. 오늘날 스타일은 시간으로 측정됩니다. 한 유행의 주기는 5~10년 정도이고, 따라서 아주 짧은 세대에서 바로 다음 짧은 세대로 유행이 넘어가죠. 이렇게 되면 결국 열망은 우리가 막 태어난 시절에 존재했던 것을 닥치는 대로 끌어들인 것에 지나지 않게 될 것입니다. 우리가 꼬맹이였을 적에 부모님이 진짜 어른이었다는 이유로 부모가 입었던 스타일이면 무조건 따라야 하는 게 돼버리는 거죠. 두려운 일 아닙니까? 실제 힙스터 집단은 (과거에 대해 실질적으로 헌신을 다하는) 강인한 성인으로 인식된 앞

세대의 정체성을 다시 찾고자 하는 일종의 유아적 욕망을 향해

나아갈 것입니다. 그러는 내내 우린 여전히 나약한 어린아이 상태에 머물러 있을 수밖에 없겠죠. 질문에 답이 좀 됐나요?

존슨: 네, 그런 것 같습니다.

마노어 핀스턴: 방금 하신 말씀에 전적으로 동의합니다. 제 생각에 진정성과 힙스터 집단 사이에는 하나의 흥미로운 관계가 있는 것 같습니다. 저는 기억엔 모종의 양가적인 감정이 있다고 생각합니다. 모든 세대를 통틀어, 우리 세대의 집중력은 점점 약해지고 기억력도 나빠지고 있죠. 그래서 이십대는 그들이 나고 자란 80년대란 모호한 개념에 대한 향수를 갖고 있습니다. 확실히 그래요. 하지만 어떤 면에서 볼 때 힙스터 문화는 전반적으로 세계문화에 크게 이바지했다고 할 수 있습니다. 이들이 존재함으로써 앞 세대나 시기가 갖는 진정성을 수호하기 때문입니다.

힙스터는 언제나 그리고 강박적으로 진정성을 추구하는 삶을 산다고들 합니다. 힙스터이야 말로 '진짜배기' 사람들이고 그들의 삶은 진정성으로 가득하고 그들이 하는 경험도 의미가 충만하다는 식이죠. 심지어

92

72 브룩클린, 이스트 윌리엄스버그의 거리 양쪽에 위치한 다층건축물. 주로 이십대 대학졸업생들인 로프트loft 거주자들이 밤새도록 시끄러운 파티를 벌이는 것으로 유명하다.

부시위크의 매키빈 로프트[72]의 빈대가 들끓는 침대에서
구질구질하게 살아도 '진정한' 인간이 되는 것처럼 말이죠.
그래서 타이거 비트 포스터와 스코트 베이오 등, 앞 세대의
경험에 담긴 진정성을 이렇게 헌신적으로 수호하는
게 유용하고 생산적인지에 대해 회의를 느낍니다.
그리고 힙스터 문화가 일상적으로 뒤집어쓰는 오명,
즉 힙스터 문화는 철저히 허무주의적이고 무가치하게
쾌락적이며, 쓸모도 없고, 힙스터들은 믿는 것도, 하는
일도 없다는 오명은 더욱 날조된 것에 불과합니다.
그러니 혹시 힙스터 문화에 지금의 문화를 수호하는 긍정적인
힘이 있다고 생각하신다면, 그것이 힙스터 문화의 궁극적인
미덕일지도 모릅니다. 그래서 여러분께, 그리고 여기 계신
모든 분께 질문을 드리는 건데요, 여러분은 힙스터 문화에
일종의 긍정적인 구조와 역동성이 존재한다고 보십니까?

[패널 측 침묵]

A. 로렌첸: 패널 분들 중에서 이 질문에 답변하실 분 계세요?

93   그리프: 저는 청중께 넘기고 싶습니다. 당연히 긍정적으로

생각하시는 분이 계시리라고 믿습니다. 힙스터주의의
미덕에 대한 매우 설득력 있는 설명이요.

브라이언 갤러거: 그렇겠죠. 하지만 기억된다는 건 쓰레기
같다는 건데 왜 그래야 하죠? '베이비시터 찰스'에 대한
기억을 보호하는 게 중요한가요? 실제로 보호해야 할 가치
있는 것들은 '너바나'죠! 너바나가 위대하다고 주장하는
건 우스운 일이에요. 데비 깁슨[73]이 위대하다고 주장하는
것보다 훨씬 더 꼰대같이 들릴 겁니다. 너바나는 그 자체로
위대한 존재니까요. 데비 깁슨은 좀 더 힙스터적인 게
되겠죠. 그러니 어쩔 수 없이 무가치한 것을 감쌀 수밖에요.

C. 로렌첸: 이 얘길 듣고 있으니 업스테이트 뉴욕에서 열린
에어 서플라이 공연에 초청받았던 때가 생각나네요.
힙스터들이 '베이비시터 찰스' 같은 문화를 보존하기 위해
한 행동은 잠깐 추파를 보내다가, 어느 순간 내동댕이치고
에어 서플라이로 옮겨가는 것과 같다는 생각이 들어요.
뭔가 고차원적인 목적에 부응해서 그러는 것도 아니죠.

94 그리프: 우리는 1990년대 말에 정치적인 희망을 갖고

73 Debbie Gibson: 1980년대 미국에서 큰 인기를 끌었던 십대 여가수로,
열여섯 살의 나이에 작사, 작곡, 프로듀싱까지 하는 능력으로 회자가 되었다.
74 Riot Girl: 1900년대 초중반, 미국 시애틀에서 얼터너티브 록이 부상하면서
함께 조명을 받았던 언더그라운드 페미니스트 펑크 운동. 여성이 주축이 된
록밴드들은 성, 가정폭력, 강간 등, 페미니즘의 다양한 이슈를 강력한 록사운드와
거침없는 가사와 강력한 록사운드로 표현했다.
75 crust punks: 1980년대 중반 영국을 중심으로 형성된 언더그라운드 펑크의
하나로, 아나코펑크 운동과 하드코어 펑크를 융합, 발전시킨 것으로 평가받고

있었던 사람들입니다. 여러분 모두 힙스터와 동시에
등장한 청년문화 내의 운동을 기억하실 겁니다. 반자본가,
반세계화 운동 말입니다. WTO 각료회의가 몇 년도에
있었나요? 그때 시애틀에서 반대시위가 있었죠?

청중: 1999년요.

그리프: 1999년! 맞죠? 모든 게 1999년이었어요. 더
이상 우리가 무시할 수 없는 질문이 있습니다.
특히 사람들과 힙스터 채식주의자, 힙스터 비전에 대해
이야기를 할 때 떠오르는 질문이죠. 힙스터 집단과, 청년
하위문화로서의 환경주의와 반자본주의에 대한 오랜 열망
사이에 여전히 연결고리가 있는가 하는 겁니다. 확실히 이런
것들은 언제나 우리가 생각하는 대중음악의 하위문화로
섞여 들어갔죠. 라이엇 걸[74], 그리고 요새 젊은 친구들이
말해줘서 알게 된 크러스트 펑크[75]와 함께 말입니다. 제이스
같은 친구는 얼마 전에 크러스트와 유럽 테크니벌[76]의 관계에
대해 설명해주기도 했죠. 여러분은 이런 것을 알고 계셨나요?
여러분은 힙스터 문화와 반자본주의자와 환경주의자

95 간에 애정이, 순수한 애정이 남아있다고 보십니까?

있다. 비관적인 가사와 메탈을 방불케 하는 강력한 사운드가 특징으로, 음악
외적으론 스쿼트 운동, 반자본주의적 소비운동, 환경주의와 긴밀한 연대를
형성했다.
76 European teknival: 테크노tekno와 페스티벌festival의 혼성어로 대규모의,
때로는 위법적인 자유분방한 파티를 의미하며 영국 레이브rave 문화에서 파생한
하위문화의 한 유형이다.

A. 로렌첸: 페미니스트도요.

그리프: 페미니스트, 감사합니다. 페미니스트, 진보적 문화?

클레이튼: 우리의 논의가 뉴스쿨에서 진행되고 있는데, 어제 뉴스쿨 학생들은 5번가 65번지에서 있었던 시위 때문에 모두 구속되었다고 합니다.

청중의 한 명: 저는 그리프 씨가 힙스터주의의 미학을 바라볼 때 그 용어 자체로 이해하려는 노력을 보여주시는 게 좋습니다. 힙스터 운동의 특별한 기표들에 뭔가 더 심오한 의미가 있다고 생각하는지를 물으셨죠? 하지만 저는 한 걸음 물러나서, 힙스터주의라는 것은 어디까지나 무작위적인, '자기들끼리만 공유할 배타적인 언어를 만들어 낼 용도로 몇 개의 공통적인 요소를 택한 한 무리의 사람들에 지나지 않는다'는 가정에서 시작하려 합니다. 만약 그렇다면 이런 다른 연관성에 매달리는 것은 힙스터주의가 왜 말이 안 되는지만 강조하는 꼴입니다. 실제로 힙스터주의에 정치학 같은 건 없으니까요. 그냥 같은 곳에 있는 사람들의 커뮤니티일 뿐이죠. 제가 제안하고 싶은 한 가지가, 또 제가 이해한 바에 따르면

96

77 Betty Crocker: 미국 식료품 제조회사, 제너럴 밀스General Mills에서 만든 프리믹스 제품. 베티 크로커란 이름은 밀스 사에서 제품 홍보를 목적으로 만들어낸 가상의 인물.

그걸 뒷받침할 미약한 증거가 여기 있습니다. 지금 미국에서 전반적으로 일어나고 있는 다른 일들을 기억해야만 합니다. 예를 들어 저희 가족에게 일어난 일을 말씀드리겠습니다. 1970~80년대에 미국 중부지역의 사람들은 백인으로서의 민족성을 잃게 됩니다. 지워진 거죠. 어딜 가나 베티 크로커[77] 요리책을 볼 수 있었잖습니까? 그 브랜드는 미국의 모든 것을 만들었습니다. 그러다 90년대 이후, 특히 2000년대 초반에 우리는 조부모가 살았던 시대의 부활을 보게 됩니다. '우리 할머니, 할아버지가 여기에 정착하셨거든. 그래서 내 안엔 아일랜드인의 피가 흐르고 있어. 그래서 우리 집 창문과 내 차에서 아일랜드적인 요소가 보이는 거야' 라는 식으로 말하기 시작했죠. 전에는 이런 일이 없었다고 장담할 수 없지만, 그래도 90년대 중반이 되기 전까지는 아일랜드 출신임을 당당히 밝히는 경우가 매우 드물었다는 건 분명합니다. 만약 누군가 스스로를 완전히 구조적으로 이해했다면, 그는 자신을 표현할 한 단어를 찾기 마련이죠. 안 그렇습니까? 그렇다면 특별한 기표 같은 건 문제가 되지 않을 겁니다.

마이클 엔젤 마르티네즈: 전 여러분이 힙스터의 장식품이 된 자녀들에 대해선 어떻게 생각하시는지 궁금합니다.

유아성이나 모종의 나이브테[78]를 유지하려는 힙스터의
내적 욕망에 대해 너무 많은 얘길 해서인지, 전 이제
자녀를 둔 힙스터들, NASA가 개발한 유모차에 애들을
태우고 공연장이나 술집에 가는 부모에 대해 궁금해지네요.
그들의 아이는 어떤 식으로 힙스터로 키워질까요?

C. 로렌첸: 힙스터가 자식을 가질 경우, 자식을 그들 취향에
맞게 과시적인 전시물처럼 이용한다는 말씀이죠? 저는
그렇다고 생각해요. 주변에서 흔히 볼 수 있는 일이죠. 재수
없죠. 자기 자식들을 파티에 데려와서는 다른 사람들이
개를 귀여워하는 것처럼 자기 자식을 좋아해주길 바라는
건 정말 짜증나는 일이에요. 주변 사람을 불편하게
만들 뿐이에요. 자기만족만 생각하는 거죠. 그렇게
하면 자기가 진짜 삶을 산다고 생각하는 건지……
에거스의 《맥스위니》 *McSweeney's* 창간호를 보면 '이 잡지는
아동들을 위한 것입니다'라고 나와요. 맥락 상 명백한 농담인데,
정작 몇 년이 지나자 많은 사람들이 그 잡지를 좋아하게
됐고, 아이를 낳고, 826[79]이라는 자선단체를 만들었죠. 826은
과연 좋은 일을 많이 했어요. 그건 부정하지 않습니다.
어느 날 친구랑 길을 함께 걷고 있었습니다. 그 친구는

98

78 naivete: 소박하고, 미성숙하고, 무경험적이고, 세련과 거리가 멀고,
무비판적인 상태.
79 데이브 에거스와 교육자 니니브 클레멘츠 칼리거리가 2002년에 공동설립한
비영리 자율학습 센터. 어린이와 청소년에게 창의적 글쓰기를 가르치는 것을
목표로, 현재 LA, 뉴욕, 시애틀, 시카고, 앤 아버, 미시건, 워싱턴, 보스턴까지
확장했다.

프랑스에서 살고, 이제 막 소설가로서 성공하기 시작하던 때였죠. 하지만 그때는 자원봉사였는지 아니면 연구비를 받았는지, 할렘가에서 문맹 교육 프로그램 일을 하고 있었거든요. 같이 파크 슬로프Park Slope를 걷다가 826 건물을 지나는데, 그 친구가 그러더라고요. "옳거니, 거 뭐냐, 시내에서 백인 비율이 제일 높은 동네에 가서 자율학습 센터를 만들어봐. 얼마나 좋은 일을 많이 하겠어?" 제 생각엔 이 일화도 '힙스터는 진보적인가?'라는 주제와 관련이 있다고 봅니다. 힙스터에게서 과시적인 진보주의나 과시적 선행주의를 발견할 때마다 사람들이 본능적으로 보이는 반응은 의심입니다.

A. 로렌첸: 크리스천이 제시한 요점에 대해 한 가지 더 확실하게 밝히고 싶은 것이 있는데요, 그게……

C. 로렌첸: [청중들에게] 제 여동생입니다.

A. 로렌첸: 《휘청거리는 천재의 가슴 저린 작품》을 읽어보면, 데이브 에거스는 그때 이미 자식이 하나 있죠. 남동생도 그가 부양하는데……

C. 로렌첸: 맞아요. 제가 이의를 제기하는 게 그런 건……

A. 로렌첸: 저 좀 이야기할게요!
발간호의 문구가 농담이었건 아니건 상관없이《맥스위니》의
다른 직원들도 자녀를 가졌겠지만, 에거스는 처음부터
아이가 있었어요.

청중 중 한 명: 하지만 그들은 그 어떤 것도 그냥 농담으로
내뱉진 않았어요. 언제나 둘 사이에서 줄타기를 했죠.

C. 로렌첸: 맞아요, 그럼요.

청중 중 한 명: 가식적인 성실함이 한 번도 가식이
아니었던 것처럼 말이죠.

C. 로렌첸: 좋아요. 하지만 나중에《빌리버》*Believer*도
아동 특별호를 발간했죠. 이게 제가 말하려던 논점은
아닌 것 같습니다.

100   찰스 피터슨: 크리스천이 이 자리에 와서 힙스터의 한 사례를

---

80 러시아의 혁명가 레온 트로츠키가 제창한 혁명이론으로 프롤레타리아 혁명에
있어서 농민은 성격상 스스로 혁명의 주체가 될 수 없기 때문에 프롤레타리아의
지도를 받아서 혁명의 동참자가 되어야 한다는 논지를 담고 있다.

직접 볼 수 있으니 참 좋네요. 그리고 제가 생각하기에……

C. 로렌첸: 정확하게 말하면 2류 힙스터죠. (로버트 랜햄에게) 쓰신 책을 빌면, 저는 '폴릿'pol-lit이겠고요.

A. 로렌첸: 그게 무슨 뜻인데요?

랜햄: 정치와 문학과 학계에 집착하는 힙스터를 말하는 겁니다. 턱수염을 많이들 기르죠.

C. 로렌첸: (턱수염을 쓰다듬으며) 쓰신 책 사진을 보니까 그 힙스터는 저보다 머리가 더 길던데, 아쉽게도 전 점점 머리가 벗겨지고 있네요.

피터슨: 저는 힙스터에 대한 대안을 제시하고 싶습니다. 제가 생각하기에 한 가지 문제가 되는 건, 지금의 논의가 2003년에 벌어진 힙스터의 죽음을 전제로 하고 있다는 겁니다. 저는 사실 힙스터는 끊임없이 죽고 다시 태어난다고 생각하거든요. 피상적으론 일종의 트로츠키주의적 관점인데, 힙스터를 영구혁명[80]으로 보는 거라고 할 수 있습니다.

과거로 거슬러 올라가 보면, 제가 처음으로 힙스터에
대해 들은 때가 2003년인가 2002년이었습니다. 그때,
처음으로 피치포크미디어를 읽었는데, 너무나 놀라웠어요.
피치포크미디어는 이모를 인정하지 않았죠. 2003년 당시, 이
세상에서 없어져야 할 것 중의 하나가 이모코어라고 주장했죠.
또 트위음악도 인정하지 않았지요. 여하간 저는 이모도,
트위도 좋아하지 않았습니다. 그래서 〈루징 마이 엣지〉[81]
같은 음악을 들었을 때, 2000년대 초반이 힙스터 시기의
정점으로 기록될 것이라고 생각했습니다. 그 정도로 대단해
보였습니다. 1991년에…… 그때 전 일곱 살이었네요. 어쨌든
그때 나온 〈슬랜티드 앤 인챈티드〉[82]도 대략 같은 결과를
불렀다고 생각합니다. 1966년, 67년에 벨벳 언더그라운드Velvet
Underground도 매우 유사한 결과를 거두었다고 생각하고요.
그리고 우리는 지금 여기서 이렇게 광범위한 방식으로
'힙스터주의'에 대해 이야기를 하고 있는데 그 방식은,
말하자면 《뉴욕》New York 매거진이 현재 취하고 있는
방식입니다. 전 우리까지 같은 방식을 취할 필요는 없다고
생각합니다. 요새 힙스터라고 말하는 사람들 태반은
명백하게 힙하지 않습니다. 마크가 3번째 정의에서 말했듯이
힙스터란 의심할 여지없이 완전한 힙합hipness에 대한

---

81 *Losing My Edge*: 미국의 댄스펑크 그룹 LCD Soundsystem이 2002년
8월에 발표한 첫 싱글로, 피치포크미디어에서 선정한 'Top 500 Songs'에서
13위를 차지했다.
82 *Slanted and Enchanted*: 페이브먼트의 1992년도 데뷔 앨범.
피치포크미디어에서 선정한 '1990년대 최고 명반 100장'에서 5위를 차지했다.

선험적인 인식을 가져야 하죠. 크리스천이 발표를 했을 때 우리가 본 것이 그런 겁니다. 반대할 수도 없는 거죠.

C. 로렌첸: 너무 애쓰지 마세요.

피터슨: 그래서 힙스터의 죽음을 공개적으로 표명하고 있는 이 순간 자체가 어느 정도는 힙스터의 순간이라고 할 수 있습니다. 제 생각엔 《n+1》이 힙스터 잡지라고 비난받았던 초창기에 우리가 했던 말과 일치합니다. 힙스터 잡지 맞죠. 하지만 지금 '힙스터'가 갖게 된 의미에서 보면 더 이상 힙스터 잡지가 아닙니다. 진짜 힙스터는 현재를 깨부수는 존재죠. 마찬가지로 과거의 힙스터는 2003년과 1991년의 것들을 깨부수고 있었기 때문에 힙스터였던 겁니다. 제 기억에 그때 우리는 '왜 이 용어가 1991년에 나타난 걸까'라고 질문했었죠. 왜 우리는 1950년대로, 1940년대로 회귀할까요? 2001년에, 1999년에 힙스터라는 용어를 사용하던 사람들 대다수는 그 말의 의미에 대해선 무지했습니다. 그즈음 그 말의 본래 의미는 완전히 사라진 상태였습니다. 이제 '힙스터'라는 말은 고작 이 방 안에서 가장 힙한 사람, 맞설 수 없는 사람이라는 뜻으로만 사용됩니다. 그래서 오늘 이 자리가 '오늘날 청년 세대의 거대한 하위문화란 무엇인가?'

라는 의미에서 유용하다고 생각합니다. 논의가 필요한
주제죠. 아니면 '젠트리파이어[83]로서 우리가 위치한 곳은
어디인가?'는 어떨까요. 하지만 이건 모두 다른 주제입니다.
힙스터에 관한 질문 중에서 특히 강조해야 할 점은 '어떻게
하위문화 안에서 혁명을 완수할 것인가?'입니다. 사람들은
언제나 '하위문화에는 이런 부정적인 면이 있다, 이런 긍정적인
면이 있다'고 말하죠. 특히 뉴욕에서 더 심한데, 뉴욕에서
하위문화를 추구한다는 것은 자본주의와 엮일 소지가 다른
지역에 비해 훨씬 더 많기 때문입니다. 미니애폴리스에
산다면, 아니 시애틀 같은 곳에서도 한 달에 3백 달러면
다운타운에서 십분 거리에 있는 곳에 집을 얻을 수 있습니다.
하지만 뉴욕에선 말도 안 되는 얘기죠. 이 논의가 얼마나
편협한지를 드러내는 대목 아닙니까? 그도 그럴 게, 이
나라의 다른 지역에서 보헤미안의 삶을 누리는 건 여전히
쉬운 일입니다. 일을 아주 열심히 할 필요도 없어요. 빈대에
시달릴 일도 없죠. 빈대는 다분히 뉴욕적인 현상입니다.
다른 곳에선 빈대와 함께 잠을 잘 필요가 없습니다. 설사
빈털터리라고 해도요. 제 생각이지만, 세계의 다른 나라도
사정이 그렇게 다르진 않을 겁니다. 서유럽에 가면 베를린에
서 사는 게 좋지만, 최소한 갈 만 한 다른 곳들이 있죠.

104

83 gentrifier: 도심의 고급화를 이끄는 중상류 계급.
84 Crooked Rain, Crooked Rain: 페이브먼트의 1994년도 앨범. 〈슬랜티드 앤
인챈티드〉의 로파이 사운드를 버린 것이 화제가 되었다. 피치포크 미디어가 선정한
'1990년대 최고 명반 100장'에서 8위를,《롤링스톤》지가 뽑은 '이 시대 최고의 명반
500장'에서 210위를 기록했다.

따라서 힙스터에 대해 이야기할 때, 새로운 것을 만들기 위해 헌 것을 파괴하는 가장 효과적인 방법이 무엇인지 먼저 물어야 합니다. 예를들어 제가 페이브먼트를 좋아하는 이유는 그들의 앨범이 파괴적이기 때문입니다. 〈슬랜티드 앤 인챈티드〉 앨범을 발표하고 2, 3년이 뒤에 〈크루크트 레인, 크루크트 레인〉[84]이 나왔죠. 음악적으로 완전히 변신했지만, 여전히 제겐 멋진 음악으로 다가왔습니다. 그들은 음악적 반전을 통해 실제로 뭔가 훌륭한 것을 만들어 낸 거죠. 이와 마찬가지로 저는 혁명에 관해 이야기를 할 때에도 어떻게 파괴하면서 동시에 새롭게 시작할 수 있는지를 질문할 필요가 있다고 생각합니다.

그리프: 여기 오신 분들이 특유의 마력이 사라진 '힙스터'와 '힙스터주의' 같은 용어에 더는 연연하지 않게 되었다고 생각하신다 해도 저는 최악의 사태로 여기지 않을 겁니다. 저는 확실히 힙스터와 힙스터주의를 활용하고 있고, 우리들 다수가 다른 사람을 파악하고 선별하는 데 활용하고 있으니까요. 저는 찰스가 웨스트코스트 지역에 대한 변론을 해 줄 거라고 기대했습니다. 왜냐하면 뉴욕은 중요한 사건이 일어나는 곳이고, 힙스터에 관한 정의 2, 힙스터 '예술가

편'을 보면 창조적인 것들을 찾기 시작할 때 힙스터 예술가들은 결코 뉴욕을 중심으로 모이지 않기 때문입니다. 사실 지금까지 뉴욕의 실적은 꽤 형편없죠. 특히 음악에 관해서라면 더더욱요. 하지만 캘리포니아는……

코윈 라이트 윌리엄스: 거긴 힙합이 있었죠.

그리프: 전 힙스터 음악만을 얘기하는 겁니다.

피터슨: 그럼 올림피아, 워싱턴, 아니면 포틀랜드는 어떤가요?

라이트 윌리엄스: 어쨌거나 그곳에 사는 사람들은 전부 다른 지역에서 온 사람들이죠. 그러니 그 사람들의 창조성을 따지려고 납세지역을 조사하는 건 무의미한 일 이라고 생각해요.

그리프: 페이브먼트는 스톡튼으로 이사 가지 않았죠?

라이트 윌리엄스: 스톡튼 출신이지만 〈슬랜티드 앤 앤챈티드〉는 스톡튼에서 녹음하지 않았어요. 스톡튼이라는

+ 거리에 설치된 '팹스트 블루 리본' 조형물.

게 이유였지만, 다른 사람의 차고[85]가 있어서이기도 했죠.

C. 로렌첸: 그들 가운데 일부는 버지니아 대학으로 진학했어요. 때때로 뉴욕에서 시간을 보내다 다시 캘리포니아로 돌아갔어요. 언젠가 스티븐 말크머스[86]가 〈슬랜티드 앤 앤챈티드〉는 엄청난 성공을 거뒀다고 말했는데, 그건 페이브먼트 초창기에 발표한 싱글 앨범에 대한 배반이에요.

그리프: 그냥 궁금해서 그런데, 여기 혹시 웨스트코스트에서 오신 분 계세요? 웨스트코스트를 대변해 그곳의 힙스터 문화는 다른 지역과는 상당히 다르다고 선언해주실 분 안 계신가요?

라이트 윌리엄스: 전 사실 포틀랜드 출신입니다. 이번 주에도 갈 건데, 제 친구 중의 하나는 포틀랜드를 안경잡이 백인 남자들의 영적인 고향이라고 말합니다. 그래서 저는 이 자리에서 다분히 뉴욕 중심적인 관점을 듣는 게 꽤 재미있습니다. 한 가지 짚고 넘어가자면, 시애틀 다운타운에서 십분 거리의 동네에서 월세 3백 달러짜리 아파트는 눈을 씻고도 찾을 수 없습니다.

---

85 펑크의 DIY 에토스를 적극적으로 끌어들이고, 고급 장비로 녹음하는 하이파이 레코딩과 반대되는 개념의 로파이 레코딩을 선호한 거라지(차고) 록밴드를 빗대고 있다. 실제로 초창기에 로파이를 표방했던 많은 록밴드들은 차고에서 레코딩을 했다.
86 페이브먼트의 리더, 보컬, 기타리스트.

피터슨: 센트럴 디스트릭트라면 가능해요.
제가 거기 살았었어요.

라이트 윌리엄스: 그렇겠죠. 하지만 빈대가 들끓을 테니,
결국은 그게 그거죠.
말씀드리고 싶은 게 있습니다. 저는 세계 곳곳을 여행하며
힙스터 문화가 닿지 않은 곳을 수도 없이 봤습니다. 그 가운데
몇 곳에서 오도된 긍정적인 문화를 발견할 수 있다는 얘길
하신 분이 제이스였죠? 웨스트코스트의 문화도 정말로
다른 것 같습니다. 거긴 모든 게 상대적으로 더 작거든요.
많은 사람들이 포틀랜드로 가는 이유는, 그곳이 뉴욕과는
전혀 다르기 때문입니다. 뉴욕에 가면 사람들이 이렇게
말하죠. "여기서 성공하면 어딜 가도 성공할 수 있어."
하지만 포틀랜드는 어디에서도 발붙이지 못한 사람들이
모이는 곳이에요. 장님 동네에선 애꾸도 반장이 될 수
있는 거잖아요. 실패만 반복하던 사람들도 포클랜드에
가면 성공이 눈에 보이기 시작하고, 또 주목을 받기 시작할
겁니다. 반면에, 만약 제가 뉴욕 무대로 입성하길 꿈꾸는
뮤지션이라면……, 뭘 어떻게 해야 할지 감도 안 옵니다.
공연 한 번 해보려고 아등바등 할 수는 있겠죠. 하지만

포틀랜드에서라면 훨씬 더 빨리 대형 공연장에 설 수 있습니다.

그래서 이런 현상들이 나타나는 거라고 생각합니다. 전

올림피아과 워싱턴, 잠시였지만 시애틀에서도 살아봤기

때문에, 웨스트코스트의 힙스터라면 두루두루 경험했다고

할 수 있어요. 대도시도 참 많이 가 봤지만 정작 그다지

힙스터적이라기 보다는 벽에 둘러 싸여있는 것 같다고

느꼈는데, 포틀랜드나 시애틀에 가면 그런 느낌은 전혀 들지

않습니다. 정말 빠르게 변화하는 것 같아요. 포틀랜드는

은유적인 의미에서 참 멋진 곳이에요. 정말 멋진 식당가도

있어요. 그런데 어느 식당도 3개월 이상 간판을 걸고 버티지는

못해요. 음악도 비슷해요. 하나가 인기를 끌기 시작하면

금세 유행이 되었다가, 곧 흔적도 없이 사라져버립니다.

아니면 정말로 성공을 거둬 뉴욕으로 진출하던가.

전 진심으로 웨스트코스트가 다르다고 생각합니다만,

혹시 제게 질문 있으신 분 있나요? 아니면 이 정도로 설명이

충분한 건가요?

그리프: 토론을 시작한지 벌써 두 시간이 나났네요.

아무래도 여러분 모두 이제 한계에 달한 것 같습니다.

110   이쯤에서 마무리하는 게 합리적이겠지만, 저는 아직도

---

87 Flight of the Conchords: 뉴질랜드 출신의 코미디 듀오 브랫 매켄지Bret
McKenzie와 저메인 클레멘트Jemaine Clement의 뮤직코미디 쇼. BBC에서
방송되었다가 곧 미국 티브이 시리즈가 되었다. 듀오의 라이브 퍼포먼스는
전 세계적으로 컬트현상을 불러 일으켰다. 가령, 한국의 개그맨 유세윤의 UV
음악프로젝트의 원형으로 볼 수도 있을 것 같다.

해야할 이야기가 많이 남았다고 생각해요. 일단 잠시 쉬어가도록 하죠. 시간이 얼마나 남았죠?

A. 로렌첸: 채드가 집어 치우고 계속 하자네요. 두 가지 주제에 대해 더 이야기를 해보죠!

그리프: 그럼 준비된 쿠키와 음료도 좀 드시고, 쉬엄쉬엄 진행하도록 하죠. 크랙코카인도 있어요.

랜햄: 지금까지는 주로 2003년에서 2004년, 힙스터가 정점에 도달했던 시기에 대해 논의했던 것 같습니다. 이야기를 듣다 보니 제가 2000년부터 2001년까지 조사를 하고 책을 쓰던 시절에 회자되던 농담이 생각나네요. 힙스터라는 말은 어느 정도 자기혐오적 인식을 반영하고 있다는 것입니다. 제가 책에서 반복적으로 이야기한 것은 '당신은 힙스터인가?'라는 질문에 누구나 '아니'라고 답한다는 겁니다. 여전히 그런 반응을 볼 수 있습니다. 그 이유에 대해 제가 늘 듣는 말은 힙스터가 90년대 후반에 등장한 세기말적인 현상이라는 겁니다. 그런데 정작 텔레비전에서는 '플라이트 오브 콩코드'[87]를 방송하고 있습니다. 그 쇼는 힙스터의 미학, 힙스터의 농담, 힙스터의

아이러니를 전형적으로 보여주고 있습니다. 드미트리 마틴[88]도 또 다른 예가 될 수 있을 것 같네요. 음악계에서는 수피안 스티븐스[89]의 백업 밴드가 걸스카우트 같은 옷을 입습니다. 이 자리를 봐도 힙스터 같은 차림의 분들을 쉽게 확인할 수 있어요. 그러니까 옷이라는 측면에서는 여전히 이어지고 있는 겁니다. 총체적인 의미의 복식 말입니다. 제가 생각하기에는 아이러니를 의도한 감각은 실제로 사라진 게 아닙니다. 그런대도 과연 힙스터는 사라졌다고 말할 수 있을까요? 힙스터에 대한 반발은 확실히 존재합니다. 그리고 계속해서 커지고 있죠. 그러니 힙스터는 여전히 확산되고 있다고 봐야하지 않을까요?

C. 로렌첸: 확실히 텔레비전과 주류 대중문화는 늘 뒷북치는 경향이 있어요. 램햄 씨 말씀이 옳다고 생각되는 게, 정말 많은 것들이 돌파구를 찾았어요. 특히, 드미트리와 '플라이트 오브 콩코드'의 코미디언들이 그렇죠. 또 〈배트맨〉 시리즈에서 힙스터 같은 악당들도 등장하기 시작했죠. 그런데 요새 들어 제게 '힙'이란 말이 들어가는 칼럼을 써 달라는 청탁이 들어오지 않아요. 물론 하순에 《레이더》[90]에 '힙스터 창녀들'[91]에 관한 기사가 실리긴 했죠. 우스운 이야기 하나 들려드릴게요.

88 Demitri Martin: 미국 코미디언, 배우, 아티스트, 뮤지션, 작가. 스탠드업 코미디의 전형을 깬 스타일을 제시한 것으로 알려졌고, 역시 뮤직 쇼 형식을 끌어들인 것으로도 유명하다.
89 Sufjan Stevens: 미국 싱어송라이터로 인디팝 포크리바이벌의 선두주자로 알려져 있다.
90 Rader: 미국 온라인 잡지로 스타들의 가십, 패션, 팝컬처를 주로 다룬다.
91 의식 없이 힙스터의 패션만 추종하는 이들을 폄하하는 힙스터 용어.
92 Knitting Factory: 브룩클린에 있는 음악 공연장.

그 기사를 쓴 사람이 글을 쓰기 전에 에디터라며 저에게
연락했어요. 그런데 나중에 나온 기사를 보니 떡하니 본인
이름으로 기사를 냈더군요. 제 생각을 베껴간 거죠. 그녀는
"이건 힙스터 창녀에 관한 글이 아니에요. 힙스터들부터가
창녀란 말을 갖다 쓴 거니까요"라고 말하더군요. 그 사람은
그저 성매매업에 종사하는 젊은 사람을 염두에 뒀던 거예요.
그래도 '힙스터 창녀'라고 부르니까 더 괜찮게 들리지 않나요?
전 그런 사람들을 언제나 '창녀'나 다름없다고 생각했거든요.
뉴욕에서는 이런 이야기에 이미 피곤해하는 것 같지만요.
아마도 니팅 팩토리[92]에서 열린 랜햄 씨의 출간 기념회가
발단이었다고 생각해요. 저도 그 자리에 슬쩍 갔었는데,
그날 이후로 힙스터 창녀로 넘어가더군요. 잡지의 시대는
끝났지만 이제 우리에겐 티브이와 대박 음반들이 있죠.

랜햄: 바로 그 지점에 힙스터에 대한 반감과 피로가 있는
거죠. 하지만 만약 힙스터가 사라졌다고 말한다면 지금
무엇이 그 자리를 대신하고 있는거죠? 어쩌면 우리는
뭔가 다른 것의 정점에 있는지도 모른다는 생각도
듭니다. 하지만 의도와 목적이 무엇이건 간에, 제 책에서
제가 풍자한 건 힙스터가 된다는 것의 첫 번째 신조는

자신이 힙스터가 아니라고 부인한다는 사실이었습니다.
피로를 느낀다고는 하지만, 그건 어디까지나 자신이
힙스터라는 사실을 죽을 때까지 부정하는 것에 지나지
않는 것 같아요. 그걸 저는 제 책에서 풍자한 거고요.

그리프: 사실 저는 '힙스터의 죽음' 자체보다는, 힙스터의 단계 1,
그리고 힙스터의 단계 2에 대해 이야기하고 싶어요. 꼭 로케트
같죠. 계속 변화합니다. 이제 우리는 글로벌 브랜드로서의
힙스터의 현재에 대해 고민해야 해요. 페루에서 봤던 것처럼
힙스터를 싫어하는 사람들과 힙스터의 관계에 대한 거죠.
힙스터에게, 이를테면 장기적으로 글로벌한 생명을 줄
만 한 어떤 구조가 있나요? 제이스, 지금부터 5년 후에
해외의 어디에선가 공연을 하고, 또 모두가 스키니진을
입게 될 거라고 상상할 수 있나요?

클레이튼: 제 생각엔 그런 현상의 대부분은 패션하고만
관계있는 것 같아요. 페이스북이나 마이스페이스처럼 인터넷
가십사이트들 덕에 사람들은 다른 도시에서 잘 나가는 애들이
뭘 하고 있는지 알 수 있게 되었으니까요. 그리고 젊은이들도
전보다 더 활발하게 여러 도시를 여행을 하고 있고요. 페루의

경우는 조금 달랐지만, 인터넷이 발달하면 발달할수록 관심도 점점 커지겠죠. 그러다보면 어느 날 갑자기 모로코에서도 힙스터가 등장하고, 그런 식으로 이어지는 거죠. 특정 수준의 동일성을 지향하는 터널과 교두보는 정말 많은 것 같아요.

그리프: 여전히 힙스터의 출처는 대도시라고 보는군요.

클레이튼: 네, 그렇다고 생각해요. 하지만 그게 더 이상 뉴욕은 아니에요. 이제 뉴욕 중심적인 현상은 점차 사라져가는 추세죠. 그렇기 때문에 호주의 아이들이 카메라의 전원을 켜기가 무섭게 호주에서 벌어지는 화끈한 일들이 인터넷으로 옮겨져 전 세계로 퍼지는 거고요. 하나의 브랜드로서의 '글로벌 힙스터'에 대해 이야기하는 겁니다. 문제는 하위문화가 등장하기가 무섭게 '옳거니, 저건 우리가 팔아먹을 수 있겠어'라고 말하면서 기업들이 거기에 들러붙는다는 거예요. 하위문화는 이런 현상을 강화시킬 뿐이라고 생각해요.

카일 스터전: 저는 켄터키 주 루이즈빌 출신으로 얼마 전에 뉴욕으로 왔어요. 이제껏 관찰한 바에 근거해 힙스터가 나아갈 방향에 대해 이야기할까 합니다. 제이스와 마크가 지금까지

말한 내용에 포함시킬 수도 있을 것 같네요. 마크, 제 생각에 힙스터에 대해 내리신 세 번째 정의에 윌리엄 깁슨이 트렌드를 포착하는 능력을 일컬은 '패턴 인식'[93] 개념이 포함돼 있는 것 같습니다. 그런 트렌드 가운데 하나가 새로운 정치철학자 슬라보예 지젝이라고 생각해요. 제이스가 설명해줄 수 있을 것 같은데, 제가 아는 가장 큰 쿰비아 클럽 중 한 곳 이름이 지젝이에요. 힙스터의 정치적 미래에 대해 이야기할 때, 지젝이 말한 인식의 대상을 따라가 보면 패턴 인식이 지젝으로 이어져요. 그 이유 중 하나가 지젝이 지금까지 현대 미디어와 영화를 다룬 방식 때문인 것 같기도 하지만, 한 가지 더, 그가 말 그대로 '아무 것도 하지 마라, 당신은 아무 것도 할 필요가 없다'고 말했기 때문이에요. 그는 경제적 비극을 앞두고 아무 것도 하지 말라고 말한 사람이죠. 로티[94]가 '할 것이 아무 것도 없다'라고 말한 것의 반대급부로 들리죠. 그렇지만 제 생각에 《n+1》은 위험한 것 같습니다. 최근, 윌리엄 더레지스[95]는 《n+1》을 《네이션》[96]의 힙스터 저널이라고 했어요. 그 글을 읽고, 더군다나 그의 입에서 그런 말이 나왔다고 해서 그렇게 놀라진 않았습니다. 그래도 위험하지 않나요? 마크, 《n+1》에 있는 편집자들이 슬라보예 지젝에

대해 별로 신경을 쓰지 않는다면 아무래도 위험하지

---

93 pattern recognition: 사이버 펑크란 말을 만들어낸 《뉴 로맨서》의 작가 윌리엄 깁슨의 2003년도 SF소설에 등장한 개념으로, 인간이 받아들인 정보를 자신이 알고 있는 특정한 패턴에 적용해 인식하는 일이다.

94 Richard Rorty: 영미 분석철학계의 대표 철학자로 서구철학사를 비판하며 새로운 형태의 실용주의를 제창했다.

95 William Deresiewicz: 예일대 교수 출신의 문학 평론가.

96 *Nation*: 미국 역사상 최고령 주간지이자 자칭 '좌파의 대표'로 정치, 문화를 다룬다.

＋ 슬라보예 지젝.

않을까요? 힙스터들이 이 괴이한 마르크스주의 혹은
후기 마르크스주의를 끌어 들여서 그들 역시 아무
것도 하지 말라고 말하는 정치철학으로 오인된다면
위험하지 않을까요? 정작 여러분이 사람들에게 바라는
건 그런 게 아닌데도 말입니다. 그래서 여러분이 힙스터
저널이라 불리는 걸지도 몰라요. 그게 의문입니다.

제임스 포그: 아주 짧게 말씀드리겠습니다. 중요한 지점을
짚으셨어요. 하지만 힙스터 식의 정치행동주의는 특히 뉴욕과
샌프란시스코에서 발전했는데, 크라임스Inc에 대해 말한
것에 훨씬 더 가깝습니다. 많은 사람들이 크라임스Inc 책을
읽고, 아카식 북[97] 등을 읽으며 자랐고 더 이상 히치하이킹은
하지 않지만, 여전히 일탈하고 있죠. 저는 그런 게 다분히
지적적인 '아무것도 하지 않음'do nothing이라고 봅니다. 즉,
'참여하지 않는 방식으로 행동해라'는 것이죠. 제 생각에
바로 그런 점 때문에 힙스터를 비판하는 것이 더 어려운 것
같습니다. 비판하면 할수록 뭔가 긍정적인 것들이 생겨났죠.

스터전: 최근에 반스앤노블스 서점에서 1천 명의 지젝
팬을 만났는데, 전부 다 지젝 책을 사더군요.

---

97 Akhasic Book: 자칭 '문학계의 고급 주택화에 역행하는' 것을 기치로 삼고
있는 뉴욕의 독립출판사.

차킥: 저는 아메리칸 어패럴에서 일한 적이 있는데, 거기 일하는 사람들에게 지젝은 유일무이한 지성인이었어요.

포그: 이런 거 느끼셨나요? 우리가 논쟁을 벌이는 한, 힙스터들은 정치적인 충동이 결여된 집단으로 머물 것 같은 기분이 들어요.

스터전: 그렇지 않아요! 쿰비아처럼, 새로운 음악 스타일이 나오는 거대한 클럽처럼 글로벌한 현상이에요. 그 클럽 이름도 지젝입니다.

포그: 알아요, 하지만 그게 뭐가 중요하죠?

스터전: 제 말이요. 더없이 멍청한 짓이죠. 그들은 밑도 끝도 없이 정치철학을 끌어들이고 있다고요.

C. 로렌첸: 그 사람들은 정치철학이 뭔지도 모를 것 같은데요.

포그: 제 말이 그말이에요.

C. 로렌첸: 지젝은 인상적인 외모를 가진 스타이고, 그의 가장 유명한 저작은 영화 평론이죠. 제가 동의할 수 없는 부분은……

스터전: 무슨 말을 하시려는지 알겠습니다만, 제 요점을 좀 더 말씀드리겠습니다. 찰스 피터스 씨가 말한 트로츠키식 책략에서 보듯, 지젝 같은 인물들이 매스컴을 탈 때 생기는 결과 중 하나는 나날이 대스타가 된다는 거죠. 대개 좋지 않은 이유로 스타가 되는데, 정작 그러고 나면 어느 누구도 그들이 쓴 책은 읽지 않게 된다는 겁니다. 제가 한 질문은 《n+1》의 건강에 관한 것입니다. 이 분들이 실제로 지젝의 책을 읽었는지, 아닌지에 대해 말하는 게 아닙니다. 제 말은 고작 지젝 때문에 너도 나도 여러분의 잡지를 '읽기' 시작한다면 위험하지 않겠냐는 겁니다. 이게 더 심각한 문제 아닐까요?

그리프: 절대다수의 사람들이 《n+1》을 읽기 시작하는 위험한 날이 올까요? 그렇다면 정말 무서운데요. [청중들 웃음] 원래 하셨던 질문이 비행동주의에 대한 우려로 기울고 있는 것 같네요. 전 지젝이 50년 후에도 기억될 거라고 생각하지 않습니다. 그러니 그는 대수롭지 않은 문제라고 생각해요.

C. 로렌첸: 그래도 같은 선상에서 한 가지 질문을 더 하고 싶어요. 작년 한 해 동안《n+1》에서 인턴으로 일했던 젊은 작가 몇 명이《n+1》에 대해 비판한 내용 중에 하나가《n+1》이 선거 때 공화당과 맞서는 데 적극적이지 않았다는 것이었어요.

그리프:《n+1》의 편집자들은 가끔씩 이 비행동주의라는 병을 앓습니다. 하지만 미래에 관한 논의라는 측면에서 이 문제는 우리가 우리가 어떤 행동을 취해야 하는지에 대한 것 같네요. 지금이 그런 질문을 할 적기인 것 같습니다. 두고 봐야죠. 그런데 이제 어떻게 할까요? 정말, 다들 피곤하신 것 같네요. 그렇지만 아직 중요한 이야기들이 남아 있습니다. 쿠키 좀 먹으며 잠시 쉴까요?

C. 로렌첸: 전 담배 한 대 피워야겠어요.

그리프: 그래도 조금은 쉬어야겠죠? 사람들이 들어오면, 마이크 없이 이야기할까요?

[로비에서 비공식적으로 대화가 계속 됨]

글 모음

DOSSIER

힙스터의 죽음[+]

_ 롭 호닝

지난 토요일 뉴스쿨에서 열린《n+1》의 '힙스터는 누구인가?'
토론회에 다녀왔다. 그다지 만족스럽지 않은 자리였다.
힙스터주의가 끝났다는 증거—혹은 힙스터주의가 특정한
역사적 순간의 산물이라는 증거—는 거의 제시되지 않았고,
그것을 대신할 만한 논리도 전혀 없었다.《n+1》의 편집자
마크 그리프의 포부 당당한 개회사에도 불구하고, 참가자들이
현재의 힙스터가 어떤 존재인지 견고한 정의를 내리는 데
많은 노력을 기울였다고는 결코 말할 수 없었다. 그리프는
가령 메이너드 크렙스[1]가 희화화한 1950년대 후반에서

124   1960년대 후반에 이르는 사람들이 실질적으로 유일한

[+] 이 글은 2009년 4월 13일 PopMatters.com, '한계효용'Marginal Utility 섹션에
처음 실렸다.

[1] Maynard G. Krebs: 미국 시트콤 드라마 'The Many Loves of Dobie Gillis'에
등장하는 캐릭터. 염소수염 같은 보헤미안적인 용모와, 단정치 못한 옷차림,
빈번하게 은어를 사용하고 일이나 직장을 갖는 것에 대한 공포를 표출하는 등,
전형적인 힙스터를 그렸다.

비트닉이었고 1967년 샌프란시스코의 야심가들이 진정한
히피였던 것처럼, 1999년의 미국 빈민층 백인들white trash이
(트럭커 햇을 쓰고, 미국 촌뜨기들의 음악을 듣고, 주로
가설에 의거해 상상적으로 재구성한 1970년대식 가정집
아마추어 포르노의 미학을 발산하는 사람) 힙스터의 칭호를
부여받을 수 있는 유일한 존재인지에 대해 의문을 표했다.
그렇지 않다면, 노먼 메일러가 주창한 '하얀 흑인'들이
경멸적으로 호명되기 이전에 존재했던 원래의 '힙스터들',
즉 자부심과 권력, 통합의 원천이자, 또 저항의 상징으로
기능할 수 있는 사회적 표명 양식을 찾았던 흑인들을
상품화했던 것처럼, 힙스터 역시 후기 자본주의
사회에서 아웃사이더 집단들이 발현시킨 사회적 힘의
대안적 원천을 대박상품으로 만드는 영원한 문화
중개업자인가? 힙스터는 저항의 토대를 망가뜨리는
침입자이고, 쿨헌팅에 능한 조력자이자 스파이들이다.
이런 견해 덕에 흥미로운 의문이 생겼다. 아웃사이더
집단들은 문화자본의 새로운 형태를 가능케 하는 유일한
존재인가? 그렇기 때문에 힙스터는 권력이 문화자본을
확보하기 위해 꼭 필요한 존재인가? 아마도 힙스터는 확고한
입지를 갖춘 문화적 헤게모니의 대리인으로 복무하면서,

새로운 형태의 문화자본을 도용하고, 그것을 상업적인
형태로 주류 미디어에 배달하고, 애초 그 자본을 고안한
집단의 권력과 영광과 단일화와 저항의 방식을 박탈한다.
그리프가 언급한 것처럼, 힙스터는 주류 미디어가 만들어 낸
유행을 대중에게 전달한다. 인터넷은 권력 집단과 힙스터가
맺는 이 안온한 관계를 위험에 빠뜨리는가? 혹은, 인터넷은
저항을 더 깊은 지하, 흡수되는 방법 말고는 어떤 형태로도
공적인 의사표현을 할 수 없을 곳으로 강제 추방하면서,
완벽한 순환기능을 가능케 하는가? (페이스북에서 유의미한
반란을 수행하는 것이 가능한가?) 또 다른 패널인 제이스
클레이튼은 인터넷이 세계화된 힙스터 브랜드를 양육함으로써,
현지의 유기적인 현장을 배제하거나 구닥다리처럼 보이게
했다는 논지를 펼쳤다. 내가 이해하기론 그의 말은 과거엔
앵글로 아메리칸 미디어에서 분리되어 있어서 인정받지 못
했던 문화들이 국제적 명성을 얻는 데 인터넷이 일조했다는
뜻이었다. 페루의 힙스터들이 그 적절한 예이다.
패널들이 처음에 제기한 개념을 샅샅이 탐험할 만반의 각오를
했음에도, 정작 실제 오간 대화는 그런 개념을 구체화하는
데 실패했다. 힙스터주의에 대해 객관적인 거리를 확보하는
일은 불가능해 보였고, 패널 측 토의는 계속 오락가락했다.

《n+1》의 행사 고지에 언급되었듯이, 이 토론회에 흥미를 느낀 이들은 자신에게 붙어있는 힙스터라는 '오명'을 벗고자 하는 사람이다. '힙스터'를 '내가 아닌 것'으로 규정하는 문제에 대해서라면 우리 중 어느 누구도 자유로울 수 없다. 바로 그 모순이 이번 토론의 핵심이었다. 우리는 힙스터주의에 빠지는 것을 거부하고, 새로운 방식으로 정체성을 정의하고자 한다. 그러나 그런 방식이 힙스터 집단의 새로운 양식으로 무르익는다면, 지금까지의 호들갑이 무슨 득이 된단 말인가? 어떻게 해도 종래 힙스터의 행보에서 벗어날 수 없다면, 몇 걸음 앞서 나간다고 무슨 득이 된단 말인가? 어떻게 하면 '힙'한 정도로 우열을 나누고 결국 모두를 판박이로 만드는 무의미한 경주를 멈출 수 있을까? 내가 보기에 힙스터들의 문제점은 세상의 모든 것을 '쿨함'이라는 따분한 공통분모로 축소시키는 데 있다. 모든 것이 개인의 정체성을 보여주는 또 다른 기표가 되어 버린다. 힙스터 주의는 이런 식으로 정체성에 대한 부담감을 억지로 지우고, 다만 힙스터로 보이지 않기 위해 부단히 정체성을 조직하도록 강요한다. 그러나 힙스터, 실체로써의 힙스터는 실재하는가? 그들에 대한 공포만 만연해 있는 건 아닌가? 실제로 실재보다 증오가

먼저 나오는지도 모른다. 적색공포[2]가 모두를 공산주의자로
보이게 한 것처럼, 혹은 비밀경찰이 모두를 간첩으로
보이게 한 것처럼, 힙스터도 그런 집단적인 공포와 경멸이
마력을 부린 끝에 등장한건지도 모른다. 후기 자본주의는
우리에게 힙스터적인 삶에 대한 두려움을 심어주었고,
그로 인해 우리들은 어느 정도 (편협한) 한 편이 되었다.
힙스터는 개인이 고유의 정체성을 형성하는 것을 막고, 새로운
패션으로 진출하는 것을 막고, 보다 '독창적으로' 소비하는 것을
막고, 힙스터적이지 않은 새로운 것들을 발견하지 못 하도록
방해한다. 우리는 더 많이, 더 비겁하게 계속 소비하고 있지만,
그건 힙스터의 잘못이지 우리의 잘못은 아닐지도 모른다.
우리는 힙스터를 규정하는 기준에는 정통성이 결여되었으며,
씬에 뒤늦게 발을 들였다거나 혹은 그의 도래로 인해
씬이 형성되었다는 사실, 다시 말해 자기 역할을 하고
있는 사람들을 변모시켜 하나의 자의식이 강한 씬,
다른 사람들이 면밀히 검토해 착취할 만한 어떤 것이 되게
한다는 전제에서 시작해야만 한다.
힙스터에 대한 정의에도 정통성이란 측면이 결여되어 있었다.
따라서 지금 우리에게 필요한 것은 새로운 전제이다. 예를 들어

128 힙스터는 뒤늦게 출발한 사조이지만 그것이 등장함으로써

---

2 1900년대 초반, 미국에서 불었던 신경증적이고 집단적인 반공산주의 열풍.

지금까지와는 전혀 다른, 새로운 흐름이 나타나게 되었다.
또 그것은 사람들에게 강력한 영향을 미쳤고, 힙스터를
받아들인 사람들은 다른 이들에게 매력적인 대상이 되었다.
그들은 나타났다 하면 무언가를 파괴하는 것처럼
보인다. 이 점에 대해 '왜 이런 사람이 존재하는지', '그는
필수불가결한 존재인지', '그를 제지하는 것이 가능한지',
'그러려면 어떻게 해야 하는지' 등의 질문을 할 수 있다.
힙스터는 내면과 외면에 대한 환상을 반영한다. 그리고
다른 이들은 문 밖에 전시된 특권을 사갈 것이다.

　　　　　토론에 참석한 청중들은 힙스터주의를
평론하는 기점이 될 수 있는 견고한 입장을 찾는 것이 하나의
도전이라는 사실을 보지 못 했다. 그런 사실을 무시한 결과,
힙스터주의는 자기방어와 투사의 태도 이상 가는 역할은 하지
못 했다. 청중 가운데 몇 명이 토론에 참여하면서 분위기는
오히려 당파적이고 고발주의적으로 흐르기 시작했다.
많은 청중들은 토론회에 참석한 목적이 힙스터를 싸잡아
비판하거나, 아니면 적어도 힙스터주의를 탈출했다는 가정
하에 《n+1》을 조롱하고, 편집자들을 면전에서 모욕하고,
그런 그들이 지금 얼마나 가식적인 힙스터로 보이는지

알려주려는 것인 양 굴었다. 때로 돌발적으로 보이고 싶은
마음에《n+1》을 힙스터의 매개체로 못 박은 이들도 있었다.
청중 가운데 한 사람이《n+1》편집자에게 앞으로 잡지의
독자들이 과도하게 늘어나면 두렵지 않겠냐는 질문을 던졌다.
짐작컨대《n+1》을 구독하기에 적절치 못한 독자들이 있어
잡지의 브랜드를 퇴색시킬 것 같았던 모양이었다. 연유야 알
수 없지만, 질문자는 이렇게 '어울리지 않는' 부류의 독자들이
슬라보예 지젝과 밀접한 연관이 있다고도 보는 것 같았다.
철학계 스타들의 이름을 들먹거리기 좋아하는 사람들 사이에서
지젝이 유행이라는 점과, 이른바 니힐리즘(허무주의) 때문에
그런 모양이었다.《n+1》도 트렌디해지면, 근거도 없고
상황파악도 못 한 채 공격하고 묵살하는 사람들의 희생양이
된 지젝의 전철을 밟게 될 것이 두렵지 않느냐는 의미 같았다.
지난 회의에 전제로 깔려 있던 자족적인 분위기가
시간이 갈수록 짙어졌고, 마찬가지로 자족적인 방식으로
토론을 원활히 진행하기 위해 전문용어를 쓰는 것에
대한 암묵적이고도 필수적인 동의 절차는 갈수록
무시되었다. (내가 개인적으로 내린 정의이고, 또 서로 다른
분석대상으로 보게 될 모든 정의에서) 서로 정반대 개념인
아방가르드와 힙스터주의를 하나로 보는 사람도 있었다.

130

3 *New Criterion*: 1982년, 뉴욕에서 창간된 월간 문학 저널로 영미 예술문화에
지대한 영향을 끼쳤다.

미학적 장치로써의 혼성모방과 아이러니가 제풀에 지친 것이 명백해지면서, 이젠 힙스터를 (그 힘이 소진되었다고 보는) 포스트모더니즘의 상징으로 보는 논지도 있었다. 그러나 청중 가운데는 어떤 문화상품이 다른 것보다 낫다고 판단할 권리는 어느 누구에게도 없다고 투덜거리는 사람도 있었다. 그런 이들은 아직도 문화적 상대주의와 주관주의를 포기할 생각이 없고, 끝이 안 날 싸움의 진창에 처박혀 있고 싶은 게 분명했다. (실제로 강연장 복도에서 이런 얘기도 들렸다. "누구 마음대로 '베이비시터 찰스'가 이젠 중요하지 않다고 말하는 겁니까!") 토론의 신조 때문에 나는 《n+1》이 궁극적으로 《뉴 크라이테리온》[3]으로 방향을 전환하게 될지, 또는 보수주의 윤리학을 따르는 것으로 힙스터주의와 달콤한 상대주의를 탈피하려고 할지 궁금해졌다. 그렇게 되진 않았으면 좋겠지만, 토론 중 가끔씩 느껴지는 오만하고 진부한 분위기를 생각하니 벌써 전조가 보이는 것 같다. 《n+1》의 청중이길 바라는 사람들이 《n+1》의 반성하지 않는 지성주의를 매도하면 할수록, 《n+1》은 더더욱 맥 빠지는 엘리트주의로 기울지 모른다.

힙스터 두 번 죽다
:《n+1》토론회에서의 두 번째 죽음[+]

_라이드 필리펀트

"저는 현재도, 과거에도 힙스터였던 적이 단 한 순간도
없습니다."

지난 토요일,《n+1》의 주최로 뉴스쿨에서 열린, '힙스터는
누구인가' 라는 도발적인 주제의 토론회에서
《하퍼스》*Harper's*의 편집차장, 크리스찬 로렌첸이 선언했다.
로렌첸의 선언과 비가 내리는 상황에도 불구하고 백여 명의
청중들이 유진 랭 센터를 가득 채웠다. 탈식민주의부터
자유화, 용이한 신용대부 조건, 중국에 대한 미국의 부채, 레온
트로츠키, 슬라보예 지젝, 페이브먼트, 너바나, 데비 깁슨,
스코트 베이오까지, 황당할 정도로 다양한 이야기가 오고갔다.

+ 이 글은 2009년 4월 13일《옵저버》에 실렸다.

132

광범위한 힙스터 문화에 대해 토론하는 장에 참여하기
위해서 말이다. 의례적으로 볼 수 있는 행사의 하나였다.
그 자리에서 로렌첸은 2007년《타임아웃뉴욕》*Time Out
New York*에 '힙스터가 반드시 죽어야만 하는 이유'라는
격렬한 비판의 글을 통해 힙스터라는 개념은
엄청난 사기라고 말했던 일을 사과했다.
"저는 현재도, 과거에도 힙스터였던 적이 단 한 순간도
없습니다. 또한 가족, 친한 친구, 적, 라이벌, 연인, 스승, 동료,
동급생, 밴드 동료, 고객, 바텐더, 댄스 파트너, 파티 손님,
의사, 변호사, 브로커, 은행원, 아티스트, 가수, 기타 연주자,
DJ, 모델, 사진작가, 문필가, 편집자, 파일럿, 스튜어디스,
남자 배우, 여자 배우, 텔레비전 출연자, 강도, 경찰, 신부,
부제, 수녀, 창녀, 뚜쟁이, 그밖에 제가 알고 지낸 모든
사람은 힙스터가 아니었습니다. (……) 그 사기극에 놀아난
나머지 힙스터주의라는 이름의 신념을 따르고, 힙스터라는
이름의 무리들이 있다고 확신했었습니다. 하지만 사실 그
안에 문화라고 부를 만한 것은 없으며, 힙스터라 불리는
사람도 대개는 웃기게 생긴 젊은 친구들에 불과합니다."

검은 정장 차림의 로렌첸은 유일하게

토론의 주제에 야유를 보내는 것 같았다. 《n+1》의 편집자들과 뉴스쿨의 부교수 마크 그리프(회색 정장)는 보다 아카데믹하게 1999년 이후 힙스터에 대한 정의 세 가지를 제시했다. 패널들도 1999년을 네오힙스터 탄생의 해로 보는 데 동의하는 듯 했다(2004년, 제브 보로우Zev Borrow가 《뉴욕》매거진에 기고한 글에서 모든 힙스터의 종식을 고했음에도).

분위기가 불편해지는 때도 있었다. 마크 그리프가 트럭커 햇을 쓴 남자들은 가짜 진정성을 쟁취하려는 것이라고 말했을 때 트럭커 햇을 뽐내며 쓰고 있던 한 남자가 정면으로 째려보았다. 그리프가 불현듯 힙스터 사이에서 포르노나 아동성애자 스타일의 코밑수염을 기르는 것이 유행이라고 말했을 때, 코밑수염이 덥수룩한 한 남자는 귀를 더 쫑긋 세우고 집중해 듣는 것처럼 보였다. 반면에, 코밑수염이 듬성듬성하게 난 그의 친구는 어색하게 쥐어짜는 것 같은 웃음을 터뜨렸다. 패널 강연의 마지막 차례를 맡은 일명 DJ/럽취, 제이스 클레이튼(검은 재킷, 검은 티셔츠, 빛바랜 검은 바지)이 힙스터가 아니라, 예술가들이 '고급 주택화의 돌격부대'라고 주장했다. 또 힙스터는 다만 '스키니진 차림의 허수아비'라고 말했다. 그리고 다음과 같이 이어갔다.

"부쉬위크로 이사 간 사람들이 옷장을 열면서 '난 힙스터가
아니야, 부모님한테 집세를 받지 않잖아? 뭐, 한물 간
컨트리 음악을 즐겨 듣긴 하지만 자조 섞인 행동을 하지는
않잖아?'라고 말하는 것을, 그리고는 주택가를 망치는
건 어디까지나 힙스터이지 자신들은 아니라고 생각하는
성질 고약한 이들과 닮아가는 모습을 상상해 본다."

질의시간 동안, 몇몇 사람들이 힙스터와 그들이
추구하는 패셔너블한 옷 아래 지성주의가 담겨
있는지에 대해 의문을 제기했고, 로렌첸은
힙스터주의의 핵심에 지성주의는 없다고 선언했다.

"전 윌리엄스버그에서 2년간 살았던 적이 있어요. 다른
곳에 살 땐, 힙스터다 싶은 사람들은 책을 정말 많이
읽는 것처럼 보였어요. 그런데 윌리엄스버그에서 보니
대다수 사람들이 정말 아는 게 하나도 없었습니다."

토론의 중재자는 알고 보니 로렌첸의 여동생 앨리슨
로렌첸이었는데, 그녀는 오빠에게 책을 많이 읽는 사람들의
동네가 어디였는지를 물었다. 이에 C. 로렌첸은 파크
슬로프, 윈저 테라스, 포트 그린, 클린턴 힐, 캠즈리지,
서머힐, 홉킨특과 메사추세츠 등을 꼽았다. 그는 언급한

동네 가운데 한 곳에 관한 글을 썼다고 한다.

　　　　　중간에 지젝에 관한 토론도 이어졌는데,
지젝은 '현대 힙스터 사상의 아버지' 쯤으로 자리매김한
모양이었다. 청중들 가운데 한 여자는 이렇게 말했다.
"저는 아메리칸 어패럴에서 일한 적이 있는데, 거기
일하는 사람들에게 지젝은 유일무이한 지성인이었어요."
(그들에게 아메리칸 어패럴의 창립자 도브 차니와 함께
지젝 역시 애호 대상인 모양이다.) 또 다른 여성은 향수에
대해 이런 질문을 던졌다. (이 질문이야말로 향수에 젖은
것처럼 느껴졌다.) "과연 향수라고 표현하는 것이 올바른
일일까요? 제게 향수는 우리가 이제 더 이상 베이비시터
찰스에 대해 이야기 하지 않게 될 것이라는 의미로
다가오는데요. 실제로 그 프로그램에 대한 대화가 한 번이라도
중단되었는지는 알 수 없기 때문에 드리는 질문입니다."
그녀에게 "향수 때문에 '베이비시터 찰스'에 대해 얘기하는
것을 관둔다니, 왜죠?"라고 되묻는 그리프는
당황한 기색이 역력했다.

　　　　　테가 큰 안경을 쓰고 버튼업 셔츠에

초록색 플란넬 옷을 받쳐 입은 한 젊은 남자는 2002년 혹은 2003년에 피치포크미디어에서 읽은 힙스터주의에 대한 글의 논조가 좋았다고 용감하게 인정했다.(피터슨 : "그래서 힙스터의 죽음을 공개적으로 표명하고 있는 이 순간 자체가 어느 정도는 힙스터의 순간이라고 할 수 있습니다.")

C. 로렌첸은 더이상 뉴욕에서는 힙스터에 대한 흥미가 사라졌으며, 자신에게 더이상 관련 원고 청탁이 들어오지

않는다고도 했다.

회신

RESPONSES

윌리엄스버그 0년
_ 제니퍼 봄가드너

브루클린 윌리엄스버그에 살았던 때 있었던 일이다. 어느 날,
아들과 베드포드 에비뉴를 산책하고 있는데 노스 8번가에
위치한 아파트 베란다에 'O.C.' [1] 시절의 미샤 바튼처럼
깡마르고 앙증맞은 검정색 페그진[2]과 검정색 티셔츠를
걸치고, 검게 염색한 머리에 조로나 쓸 것같이 생긴 챙 넓은
검정색 중절모를 쓴 남자가 나타났다. 머리부터 발끝까지
전형적인 힙스터의 차림이었다. 아들은 이제 막 걸음마를
시작한 아이답게 다른 사람들의 시선은 아랑곳 않고 말했다.
"늙은 마녀다!"

자의식 강한 젊은이의 표정엔 창피한 빛이 역력했다.

---

1 캘리포니아를 배경으로 한 청소년 드라마. 주인공 미샤 바튼이 청춘스타로
급부상했다. O.C.는 캘리포니아의 별칭인 오렌지카운티Orange County의 약칭.
2 pegged jeans: 밑으로 갈수록 통이 좁아지는 청바지.

난 아직도 이 일화를 몹시 좋아한다. 나도 왜 내가 '힙스터'에
대해 얘길 하거나, 길거리에서 특이한 옷을 입은 젊은이들을
지나칠 때마다 무의식적으로 그들에게 경멸의 태도를 취하는지
잘 모르겠다. 그러나 나만 이렇게 느끼는 건 아니다. 자신이
힙스터임을 인정하는 사람이 한 명도 없다는 것(자기가
일본인이라고 주장하는 것과 진배없다)도 그렇지만, 내 또래
뉴요커들이 스키니진에 대해 역겨워하는 게 자연스러운 반응이
된 것도 놀랍다. 이십대 후반으로 변호사로 일하는 나의 친구
앤드류는 회사에 나가지 않을 때면 스케이트보더 복장을 즐겨
입는다. 하지만 정작 그는 스케이트보드는 타지 않는다. 내가
힙스터에 관한 글을 쓰고 있다는 이야기를 들은 그는 소파에서
풀쩍 뛰어 내려와서는 온통 부정적인 이야기를 줄줄이
쏟아내 날 즐겁게 해 주었다. 다음 날, 그는 못 다한 이야기를
편지로 보내왔다. "이런 말은 영감님들이나 하는 이야기라고
생각할지 모르지만, 머리에 피도 안 마른 그 놈들이 싫은 건
놈들의 성격에서 두드러지게 드러나는 자질이 속물근성
아니면, 허세덩어리이기 때문이야." 그의 이야기는 계속 됐다.

"정작 그들은 무엇 하나 스스로
생산하는 게 없지. 그래서 일종의 비평가적인 입장을

취하는 거야. 전반적으로 그들의 문화는 21세기의
슬래커[3] 문화라고 할 수 있는데, 그런 생각은 고정관념
같아. 콧수염을 덥수룩하게 기르고, 격자무늬 스키니진을
입고, (당연히 필기체로) '난 부시를 잡아먹지'[4]라고
적힌 티셔츠를 입은 사람들 중에는 의사나, 미국 국제
개발처 직원은 물론 인품이 훌륭한 사람들도 있거든."
또 그는 힙스터는 진정성이 없기 때문에 싫어한다면서,
자신이 스케이트보더 스타일의 옷을 입는 건 진정성을
가진 문화에 대한 존경의 표시라고 말했다.

　　　　"난 스케이터보더 특유의 생동감이 좋아.
과거 '스케이트보더'란 말은 '슬래커'와 동의어로 쓰였지만,
지금은 그렇지 않다고 생각해. 요새는 스케이터보더를
(〈잭애스〉[5]에 나오는 친구들처럼) 두려움을 모르는
극단주의자로 보더라. 그런데, 나는 내 그림자만 봐도
혼비백산하는 사람이잖아. 그런 특성은 나와 부합하지 않아."

　　　　그러나 앤드류의 논리는 모순이다.
그가 힙스터를 비판하는 이유는 힙스터가 진짜 예술가,
음악가, 작가 같은 창작자들(그런 사람들만 스키니진을

3　Slacker: 반물질주의의 일환으로 노동을 기피하는 정치적 신조. 〈위대한
레보스키〉 같은 영화나, 엠티비의 인기 애니메이션 시리즈 〈비비스 앤 벗헤드〉가
슬래커의 라이프스타일을 구현한 사례로 손꼽힌다.
4　조지 부시 전 대통령에 대한 정치적 반감을 표시하는 티셔츠로 'I Eat Bush'
문구와 함께 부시의 얼굴이 프린트 된 티셔츠가 유행했다.
5　Jackass: 2003년 코믹 다큐멘터리로, 스턴트맨들이 보여주는 엽기적인 스턴트
행각을 담아냈다. 스케이트보드족들이 묘기를 선보이다 부상을 당하는 장면들도
다수 포함되어 있다.

입고 수염을 기르라는 법이 있는가?)이 만들어낸 문화의
언저리를 얼쩡대면서 그들을 은근히 헐뜯기 때문이다.
정작 그 자신은 스케이트보드를 타는 것도 아니고, (그가
존경하는 스케이트보더들처럼) 남달리 대담한 것도
아니면서, 스케이트보더처럼 입고 싶은 자신의 욕망에
대해선 방어적인 태도를 보인다. 자기는 스케이트보더를
무척 좋아하지만, 힙스터들은 지나치게 냉소적이고 자의식이
강해서 창조적인 문화를 사심 없이 좋아하고 모방하지
못하기 때문에 둘은 서로 다르다고 주장하는 것 같다.

　　　　　힙스터의 경우, 특히 사회적으로 같은
계층에 속한 사람들에게 비판 받는 일이 많다. 나 자신을
예로 들면, 나는 윌리엄스버그 고급화의 주역이었다. 민폐가
된 힙스터와 마찬가지로, 나는 부모님의 도움으로 살 집을
마련할 수 있었다. 하루 벌어 하루 살던 싱글맘이었고, 밀린
공과금 걱정에 밤잠을 설친 게 한두 번이 아니었다. 그런
점에서 같은 동네에서 오래 살아온 폴란드, 라틴계 싱글맘
노동자들보다, 대학교육을 받은 백인 힙스터들과 통하는 게
더 많았을 것이다. 나는 동네 식품점에서도 1.8리터에 6달러
하는 유기농 우유가 있었으면 했고, 엘 베이트처럼 터무니없이

비싸지만 인테리어가 예쁜 커피숍을 좋아했다. 맨해튼을 떠난
것을 후회하고 싶지 않은 마음에 값비싼 부티크를 찾았다.
베드포드 치즈와 말로우 앤 선즈[6]를 좋아했고, 스푸이텐
두이빌에서 파는 비싸고 희귀한 맥주를 좋아했다. 이윤을
남기고 아파트를 팔고 싶어서 부동산 가치가 오르길 바랐다.
힙스터 혐오증은 다른 사람들에게 말하는 것 이상으로 우리
자신의 두려움과 부적응에 대해 말해 준다. 마사 스튜어트가
가사노동을 예술로 승화시키고, 더욱이 수백만 달러를 벌
수 있다는 사실을 일깨워줬을 때 느꼈던 분노와, 힐러리
클린턴이 여성이 어머니인 동시에 남성들보다 더 큰 야심을
가질 수 있다는 점을 알려주었을 때 느꼈던 치욕감과
비슷하다. 힙스터가 우리에게 상기시키는 것은, 어쩌면
우리는 더 이상 누릴 수 없는 혹은 한 번도 누려보지 못 한
청춘과 대담성 그리고 스타일에 대한 동경이 아닐까?
또 한 가지, 힙스터들의 외양에 대한 논평을 보면 힙스터의
젠더에 대해 궁금증이 생긴다. 비쩍 마른 체격, 패션에
대한 관심, 정성껏 손질한 머리를 보면 확실히 여성화되어
있지만, (패널 회의 동안 힙스터로 이름이 거론된 사람들을
보고 판단컨대) 실제 힙스터들은 대개 남성이다. 그렇다면
힙스터 혐오증엔 호모포비아, 그러니까 자기 외양에 대해

144

6 Marlow & Sons: 브루클린 브로드웨이 근처의 정통 아메리칸, 지중해 요리
전문 식당.

＋ 윌리엄스버그의 힙스터.

'지나치게' 신경 쓰는 남자들을 볼 때 느끼는 불쾌감이
존재하는가? 내가 짜증을 내는 이유는 《n+1》에서도
드러나는 것처럼 그것이 남성 중심적이기 때문인가?
나는 윌리엄스버그를 떠나 한때는 보헤미아의 동네였지만
이젠 진부하고 부유해진 그리니치빌리지에 살고 있다. 나는
올해 마흔인데 이 동네에선 젊은 편이다. 매일 매일 내가
늙어가고 있다는 사실을 상기시켜주는 사람이 없다는 점이
그나마 다행이다. 예전에 살던 동네에 방문할 때, 레그워머를
신고, 샐리 제시 라파엘 안경[7]을 착용한 여자애들과
피골이 상접할 정도로 마른 남자애들을 보면 미소가 절로
나온다. 그들은 내 얼굴을 보고 무슨 생각을 할지 궁금하다.
"늙은 마녀다"라고 소곤대지만 않기를 바랄 뿐이다.

7 미국의 유명한 토크쇼 호스트로, 얼굴을 다 뒤덮을 정도로 큰 안경으로
패션아이콘이 되었다.

열아홉가지 질문

_ 마고 제퍼슨

나는 1960년에 십대를 맞이했다. 고등학교 시절에는 40년대와
50년대 힙스터의 신조와 취향을 숭배하고 흉내 내며 보냈다.
1964년부터는 시민권과 청년운동, 반문화, 뉴레프트, 블랙파워,
페미니즘, 게이 인권을 통해 조정되고 다각화된 취향을 따랐다.
지난 십년간 새롭게 등장한 힙스터들에 대해 자세히는 알지
못한다. 내가 흥미를 느끼는 건 '힙합'과 '힙스터'가 비슷한 기원을
가졌다는 점이다(두 가지 모두 '힙'이란 단어에서 발생했다).
이것을 흑인과 백인 선두주의자(와 야심가)가 지난 20년 동안
같은 말을 사용함으로써 나타난 하나의 문화 현상으로 이해할
수 있을까? 그런 다음 그들의 음악과 사회와 스타일의 코드를

147

통해 그 말들의 의미를 한층 더 인종적으로 분리했을까?

확실히 최초의 힙스터는 취향과 아이콘의
측면에서 인종적인 다양성을 열망했다. 긴장과 경쟁은
심했지만 필요성은 분명했다. 노먼 메일러의 터무니없는
'하얀 흑인' 선언에 국한된 얘기가 아니다. 음악이 최고의
사례를 보여준다. 재즈계에서는 마일즈 데이비스에서 쳇
베이커의 스펙트럼을 꼽을 수 있었는데, 이들은 음악적으로
완전히 다르게 느껴졌지만, 인종적으로 분리됐다고는 할
수 없었다. 데이비스의 〈쿨의 탄생〉[8]에 참여한 세션들은
뉴욕 비밥과 웨스트코스트 쿨 유파를 연결하며 흑인과 백인
뮤지션들의 공통된 미학을 규정했다. 문학과 연극예술
분야에서도 리로이LeRoi와 헤티 존스의 결혼[9]을 언급할
수 있었고, 아나톨 브로야드[10]의 불확정성이나 매개성과
오프 브로드웨이 씬의 다양성을 이야기할 수 있었다. 최근
힙스터의 세계는 의사록에서 명명한 음악과 영화와 문학이
나타내듯, 인종적인 측면에서 과연 단일한가? 그게 가능한가?

지금의 대중음악은 1940~50년대만큼이나
인종적으로 분리 되어 있는 것 같다. 차이가 있다면

8 Birth of Cool: 1957년, 쿨재즈계의 거장 마일즈 데이비스가 발표한 앨범.
포스트비밥 재즈의 역사에 지대한 공헌을 한 앨범으로 손꼽힌다.
9 문학가이자 평론가인 리로이 존스는 흑인이고, 시인인 헤티 존스는 백인이다.
10 32쪽 주5를 참조하시오.

+ 마일스 데이비스.

인종정치학과 경제학을 보호하려는 차원이 아니라 문화적
선택과 틈새시장 고객군의 결과처럼 보인다는 점이다.
확실히 요즘은 하위문화의 하위, 거기서 또 하위로 내려가
선택할 수 있는 음악이 훨씬 더 많다. 그런 음악은 모두
스타일을 중요하게 여긴다. 즉, 1)사회경제적이고 문화적이며
고등학생이면 모두 판독할 수 있는 표식, 2)철석같은 규율로써
지분대고 힐난하는 과정을 통해 강화되는 표식 말이다.
계층, 인종, 민족성에 대해 부담을 느끼면서도 같은 곳에
배치하는 동네의 겉치레와 고급 주택화는 어떤 방식으로
힙스터의 취향을 표시하고, 또 열광할 소품들을 결정하는가?
키워드, 상징, 음악밴드, 영화, 패션 등에서 유의미하면서
백인적이지 않은 힙스터 취향은 존재하지 않는가? 백인의 것이
아닌 힙스터 가운데 유의미하고, 확실하고, 본받을만하고,
단순히 '예외적인 것'을 넘어서는 사례가 현재 존재하는가?
아니 1990년대부터 지금까지 한 번이라도 존재했는가?

　　　　　　　과거에 나는 백인이나 노동계급의
미학을 시대별로 나열하고 분석하는 것에 관심이 많았다.
피츠버그의 노동계급 출신으로 원래 이름이 '와홀라'였던
앤디 워홀은 1960년대 초반, 브릴로 상자와 수프 깡통을

11 루이지애나 거주 인종 중 아카디아 출신 프랑스 인의 자손들.
12 Raising Arizona: 코엔 형제의 코미디 영화로 1987년 작품. 전과범 출신과
경관 출신의 부부가 아기를 갖지 못 하자 다섯 쌍둥이 중 하나를 유괴해 키우며
겪는 에피소드를 그렸다.
13 True Stories: 토킹헤즈Talking Heads의 1986년도 앨범으로, 멤버인 데이빗
번이 같은 해에 작업한 동명의 영화 사운드트랙에 대한 일종의 트리뷰트.
14 John Waters: 미국 영화 감독으로 1970~80년대 이른바 '쓰레기영화trash
films'의 대표주자로 파격적인 컬트영화를 만들었다. 그의 작품 중 비교적

가지고 대량 생산된 공산품에 담긴 아이러니를 우리에게
보여줬다. 또 워홀은 의심할 여지없이 출구도 제시했다. 그런
이유에서 나는 '백인 민족성의 아이러니'라는 질문에 마땅히
제기되어야 할 역사가 사라져버렸다는 사실을 알고 놀랐다.
이 미학은 1980년대 후반, 두 번의 경기 후퇴로 부의
불평등한 분배가 심화된 레이건 정권 때 확산했다. 당시,
미디어에선 '백인쓰레기'라는 용어가 자주 등장했는데,
그것은 오래 전부터 이어져온 미국의 인종차별주의적인
사고방식을 답습하는 사람을 의미했다.

백인쓰레기 문화에는 나름의 상징과 아이콘이 있다. 플라스틱
꽃, 요란하고 묵직한 의복 장신구. 트럭 운전사의 복식과
말투. 케이준[11]과 컨트리 웨스턴. 과시나 조롱을 위한 허세.
남부 백인 노동자들의 전통적인 성향. '백인쓰레기' 안내서와
'백인쓰레기' 가이드북. 코엔 형제의 〈아리조나 유괴사건〉[12]
같은 변칙적인 영화와 데이빗 번의 〈진짜 이야기〉[13]. 백인
민족성은 보다 더 변덕스럽고 영악한 배경 속에서 등장했고,
그로부터 나온 미학은 용의주도하게 동성애 코드를 담고
있거나 복잡 미묘한 '악취미'에 애착을 보였고 자유를 얻고자
열심이었다. 존 워터스[14]의 영화 작품, 신디 로퍼Cyndi
Lauper와 마돈나Madonna의 의상, 심지어 〈치어스〉[15]에

151

대중적으로 잘 알려진 작품은 브로드웨이 뮤지컬을 괴이하게 비튼
〈헤어스프레이〉(Hairspray, 2002)가 있다.
15 Cheers: 1982년부터 1993년까지 방영된 시트콤 드라마. 보스턴의 '치어스'란
술집을 찾는 단골 주민들의 일상을 그렸다.

등장한 아일랜드 혈통의 보스턴 남자들까지 이에 포함된다. 이탈리아 민족들은 〈문스트럭〉[16]을 보며 아이러니와 로맨틱 코미디가 주는 위안을 얻었다. 그리고 조나단 드미 또한 〈섬씽 와일드〉Something Wild와 〈멜빈 앤 하워드〉Melvin and Howard에서 계층과 문화교차를 소재로 삼았다. 사람들은 민주주의라는 배를 통째로 가라앉히는 레이건식 자본주의에 두려움을 느끼고, 온기를 유지하고 싶은 마음에 최하층의 보다 관대하고 이질적인 삶이 주는 판타지를 추구하려는 것 같았다. 학계에서 백인 민족성에 대한 연구가 시작되고 몇몇 논란이 등장하면서 이 모든 일이 지금까지도 이어지고 있다. 그러나 다음과 같은 기본적인 언쟁은 여전히 해결되지 않았다. 백인 민족성에 대한 연구는 미국 흑인 연구에 자극을 받은 백인 권력 구조와 이데올로기 논평인가? 아니면 대학에서 흑인, 치카노, 아시아인, 여성, 게이에 관한 연구와 (더 이상은 '하위문화'라 말하지 않는) 문화 프로그램이 시동을 걸어 재편성된 다문화가 차지하고 있는 아성에 도전하는 교활한 시도인가? 모르겠다.

어쨌거나 부모들의 시대로, 유년의 달콤했던 시절로 고집스레 되돌아가려는 태도에 대해선 얼마간 우려하지 않을 수 없다. 《n+1》의 토론회에서도 이런 퇴행적인 태도를

152

---

16 Moonstruck: 노먼 주이슨 감독의 1987년도 로맨틱 코미디 영화. 미국 이탈리안 이민자 가정을 배경으로 두 형제와 한 여자의 애정관계로 인해 빚어지는 해프닝을 유쾌하게 그려냈다.

The look
of the New Bohemia

153

+ 1960년대 네오보헤미안의 모습. 이들에 대한 동경은 20세기 후반 힙스터의
등장으로 이어졌다.

볼 수 있었다. 어렸을 때 알고 있었던 어른의 세계를 이런
식으로 보존하는 것이 과연 어느 정도까지 한 사람의 취향과
선택에 영향을 미치는가? 터무니없는 일반화라는 것은 알지만,
그런 충동은 확실히 1940년대와 1950년대 힙스터의 특징과는
무관했다. 그들은 사회적, 정치적, (때로는) 경제적인 세계뿐만
아니라, 부모 세대의 외양, 소리, 인공유물, 감각의 세계에서
그들 자신을 의식적으로 분리해줄 것을 때로는 절박하게,
그리고 결코 효율적이진 않았지만 자주 꼴사납게 요구했다.
마지막으로 이 대화를 보라.

"여러분은 힙스터 문화와 반자본주의자와 환경주의자
간에 애정이, 순수한 애정이 남아있다고 보십니까?"

"페미니스트도요."

"페미니스트, 감사합니다. 페미니스트, 진보적 문화?"

나의 무지의 소치가 드러나길 바라는 마음에서 말하자면,
나는 현대 힙스터 문화에서 여성이 갖는 힘이 어느 정도인지
모르겠다. (토론회에서) 라이엇걸을 언급하긴 했다. 언급한

154

17 남성적인 레즈비언.
18 북미권에서 남성 동성애자를 폄하해 쓰는 말.
19 복장전이를 수행하는 트렌스젠더.

밴드 가운데는 여성 뮤지션도 있었다. 그렇지만 다른 분야에선? 다른 지역에선? 다른 사람은? 과거에 우리는 인공유물이었고, 구매자였고, 뮤즈였고, 장신구였다. 지금은 어떤가? 다이크[17]와 패그[18]와 트래니[19] 아이콘이 존재하는가? 퀴어 문화가 힙스터 문화와 겹쳐진 건지 아닌지는 모르겠다. 하지만 만약 아니라면 우울할 것 같다.

힙합과 힙스터주의
:'우리'와 '그들'의 철학에 부쳐
_ 페트리스 에반스

차이점이 있다. (……) 노먼은 자신에겐 여전히 아껴야할
것이 있는 반면, 나에겐 잃을 것조차 없다고 생각하는
것 같다. 혹은 이렇게 바꿔 말해야할 것 같다. 대부분의
백인들이 인생의 폭풍우에서 스스로를 지킬 수 있다고
생각하는 이유는 그만큼 뻔뻔하기 때문이다. 내가 말 그대로,
실패할 경우 사형에 처한다는 조건까지 내걸면서 당장에
폐기해야만 했던 것이 다름 아닌 그런 편의주의였다.
— 제임스 볼드윈[20]

노먼 메일러가 1957년《하얀 흑인》을 출간한 지 4년

---

20 James Baldwin(1924~1987): 미국의 작가, 흑인 인권운동가. 20세기 중반
인종과 성 문제에 관한 저작물을 다수 남겼다.

후, 제임스 볼드윈이 메일러에게 보낸 '러브 레터'로, 《에스콰이어》 *Esquire*지에 기고한 〈흑인 소년이 백인 소년을 바라본다〉The Black Boy Looks at the White Boy에서 인용했다. 만약 《n+1》이 힙스터를 정의하려 했던 메일러의 시도를 업데이트한 버전이라면, 나의 이 글은 볼드윈의 무시에 찬, 그러나 품위 있는 반격을 업데이트한 버전으로 여겨주기 바란다.

　　　　　　나에게 힙스터는 순진성의 화신으로 다가온다. 자신을 힙스터라고 규정하는 사람은 없다. 볼드윈은 하얀 흑인에 대한 메일러의 책이—지난 토론회에 참여했던 패널들도 볼드윈과 유사한 주장을 했다—실은 사치스럽게 잠만 자면서 꾸는 꿈과 판타지에 탐닉하고 있음을 지적한다. (《우상의 황혼》에서 니체의 첫 번째 문장을 보라. "나태함은 모든 심리학의 시작이다.") 이어서 미국 백인들이 누리는 특권의 실체, 그 핵심을 제대로 찌른다. 불평등이 계속되고 있음에도 인간이 가져야 할 책임의식을 교묘하게 회피하는 태도와 '우리'와 '그들'로 서로를 분리해 부여받은 모종의 평화주의가 그것이다. 백인들은 계층 문제는 인종의 문제가 아니라 '가진 자들'과 '못 가진 자들'의 문제라고 말하면서 '우리'와 '그들'에 관한 대화를 회피한다. 힙스터 논의도

메일러의 '하얀 흑인' 논의와 마찬가지로 다른 종류의 논의,
즉 어디까지나 가진 자들 사이에서 이행된 논의이다.

토론회 회의록을 전달 받고 나는 나의 아버지(55세, 흑인),
나와 절친한 두 남자 친구(37세, 30세, 흑인), 내 여자 친구의
어머니(57, 푸에르토리코인), 여자 친구의 아버지(연령
미상, 이탈리아인), 여자 친구의 여동생 (30대, 이탈리아
계 푸에르토리코인), 그리고 서로 잘 알지는 못하지만
'동료'라 말해야 맞을 친구들과 함께 현대 힙스터에 대한
이야기를 나눴다. 내 블로그에 (대개는 나와의 개인적인
친분을 쌓고자) 방문한 사람들을 제외하면 힙스터란 용어에
대해 자세히 아는 사람은 없었다. 다시 말해, 회의에 갔을
법한 사람이 아니라면 대화 자체가 힘들었다. 힙스터에
대해 설명해도 그 개념에 특별히 관심을 갖는 사람은
한 명도 없었다. 다들 멍한 표정으로 설명을 들었고,
기껏해야 "젊은 애들 얘기야?"라고 말하는 정도였다.

나는 1980년대에 사우스 브롱스에서
자랐고, 90년대 중반에 그곳을 벗어나 목가적인 코네티컷의
기숙학교로 보내졌다. 학창 시절 동안, 그 이후의 대학
시절(하트포드의 트리니티 대학) 내내 단 한 번도 '힙스터'라는

21 preppy: 등록금이 비싼 사립학교 학생들을 일컫는 말. 버튼다운 셔츠, 베이지
색 계열의 면바지, 체크무늬 스웨터, 재킷, 조끼, 나비 넥타이 등 단정하고 학구적인
이른바 '프레피 룩'을 확산시켰다.
22 Drake: 캐나다 출신의 흑인 힙합, 알앤비 뮤지션.

말을 들어본 적이 없었다. 돌이켜 생각하면 나와 비슷한 청소년기를 보낸 흑인들에겐 힙스터나 여피나 프레피[21]나, 다 똑같았던 것 같다. 우리가 사람들을 분류할 때 인종, 돈, 그리고 아마도 사회적 기술이라는 기존적인 조건 이외의 다른 기준을 적용하는 일은 없었다. '성격이 같이 지내기에 불편한 부자 흰둥이'나 '병신같이 스키니진이나 입고 다니는 돈 많은 백인 새끼지만, 성격은 괜찮은 놈'이라는 뜻에서 '힙스터'라고 불렸을 친구가 하나쯤 있었을지도 모른다. 내 경험에 국한된 것이지만 나는 이런 표현에 더 깊은 의미가 담겨 있다거나, 이렇게 표현해야 더 분명하게 의미를 전달할 수 있다고 생각하지 않는다. 그래서 '힙스터'라는 말은 유사한 특성을 가진 사람들이 모인 집단, 혹은 어떤 사실을 특정한 이름으로 부르길 원치 않는 집단을 지칭한다고 생각한다. 또 그 말에는 본질적으로 미국 백인들의 억눌린 감수성 같은 것이 있다는 생각도 든다. (《n+1》의 개회사의 한 구절이 기억난다. '당신의 진심을 말하라!')

2010년, 현대 힙스터 문화가 만개한 곳에 살지만 그것에 대한 이야기가 많이 들리지 않는다는 점은 다소 놀라운 일이다. 드레이크[22]의 〈소 파 곤〉So Far Gone

앨범을 들으면 '쇼를 하는 내 모습에 모두 안절부절못하는
건, 힙스터들이 앞으로 후드티를 입은 흑인들과 잘 지내야
하기 때문에 그렇지'란 가사가 나온다. 물론 여기서 힙스터는
드레이크의 음악이 장르와 청중을 초월해 어필할 수 있다는
사실을 강조하기 위해 쓴 말에 불과하다. 랩의 맥락에서,
실질적인 견해를 표명했다기보다는 미학적인 장광설과 허세를
늘어놓은 것에 가깝다. 몇 년 전이었다면 '이 프레피들은 앞으로
더그[23]와도 잘 지내야 하니까'라고 노래했을 지도 모른다.
가끔씩 힙스터란 말은 확실히 경멸적인 의미로 쓰인다.
토론회에서 지적한대로 힙스터가 인기 절정에 있을 때조차,
힙스터라고 자칭하는 집단은 전무했다. 만약 힙스터가
힙스터를 좋아하지 않는다는 생각이 든다면, 힙합 또한
힙스터를 '정말로' 안 좋아한다고 할 수 있다. 힙합
커뮤니티에서 어쩌다 힙스터란 말이 등장할 때마다 이에
대한 반감은 더욱 커졌다. 2008년 6월, 《XXL》 잡지는 이른바
'힙스터 랩'에 관한 에세이를 통해 힙합이 가진 특정한 수사학을
구사하지 않는다는 이유로 힙스터로 낙인찍힌 래퍼들을
옹호했다.[24] 진짜 힙스터 래퍼라면 백인 친화적인 허울을
만들어 내기 위해 에너지 넘치고 다양한 흑인 문화를
착취하는 '엉클 톰'[25]의 완벽한 사례가 되었을 것이다. 그러나

23 thug: 원래는 범죄를 일삼은 미국 갱단을 의미했으나, 힙합 장르가
대중화되면서 힙합의 연대의식을 강조하는 용어가 되었다.
24 《XXL》 2008년 6월호, '힙스터 깜둥이Hipster Boogie(XXL》 기자 저술) [저자
주]
25 미국 소설가 해리엇 비처 스토우의 1852년도 소설 《엉클 톰의 오두막》 *Uncle
Tom's Cabin* 의 주인공으로 미국 노예제도의 희생양이 된 흑인 남성. 노예제도를
반대하는 문학적 상징이 되었으나, 이후, 백인 문화에 순종적이고 권력에 복속하는
비굴한 흑인상으로 비판을 받았다.

이른바 '힙스터 래퍼'들은 이와는 무관했다. 그래서
《XXL》은 SCHR (이른바 힙스터 랩So-Called Hipster Rap)라는
새로운 낱말을 만들어냈고 쿨 키즈The Cool Kids, 루프
피아스코Lupe Fiasco, 넉스The Knux, 키즈 인 더 홀Kidz In
The Hall, 키드 시스터Kid Sister, 웨일wale을 옹호했다.
이런 기조는 세기가 바뀔 무렵, 한때 '백팩 랩'Backpack Rap이라
폄하되었던 유형의 아티스트를 다시 등장시켰다. 모스 뎁Mos
Def, 탈리브 크웰리Talib Kweli, 그리고 루츠The Roots 같은
아티스트의 스타일은 제이지Jay-Z와 50센트 같은 팝 지향적인
MC[26]들과는 확연히 달랐다. '백팩 랩'이란 경멸적인 용어는
그 자체로 트라이브 콜드 퀘스트A Tribe Called Quest, 들 라
소울De La Soul, 그리고 동류인 라티파Queen Latifah가 활동했던
1980년대 후반과 1990년대 초반에 등장한 네이티브 텅
그룹들[27]에 품었던 적개심이 그대로 유지되고 있음을 보여준다.
당연히 시작부터 잘못 되었거나, 지나치게 단순화되고
과도하게 축소시킨 것이 분명한 힙합 문화를 소비하면서,
이렇게 네이티브 텅에 적개심을 드러내는 건 그들이 '상업성과
의식성의 대결'이란 원초적인 이분법을 벗어나지 못했기
때문이다. 들 라 소울의 두 번째 앨범 〈들 라 소울 이즈 데드〉De
La Soul Is Dead는 그들이 자신들에게 쏟아진 '히피'라는 비난에

161

26 힙합에서의 MC는 랩뿐만 아니라 노래까지 겸비한 경우를 의미한다. 다수의
힙합 아티스트들이 그들의 예명 앞에 MC란 말을 붙이는 이유이기도 하다.
27 Native Tongues: 1980년대 후반부터 1990년대 초반까지, 일렉트로니카와
재즈적 비트를 가미한 음악스타일에, 긍정적이고, 선한 아프리카중심주의를
설파하는 가사를 표방했던 힙합 아티스트들을 총칭하는 말.

응답한 컨셉트 앨범이었다. 지금 생각하면 힙스터에 가해진
비판의 초기 버전 같기도 하다. 힙합은 적어도 백인중심적인
분류 체계의 영향을 덜 받는 장르라는 점에서 그렇다. 〈들 라
소울 이즈 데드〉는 '힙스터는 죽었는가?' 라는 질문이 함축하고
있는 심리적 근거와 주기적으로 나타나는 자만을 희롱한다.
악의적인 별명인 '힙스터 랩'은 내가 줄곧 골몰해 온 또
다른 신조어, '블립스터'[28]와는 다르다. 블립스터와 관련된
대화에서 우리는 개인적인 패션과 개인적인 취향을 더
많이 이야기한다. 반면, 민족성과 상관없이 힙스터로 살 수
있다. 피부색에 상관 없이 누구든 스키니진을 입을 수 있는
것이다. 물론 이상한 옷을 입었을 때 놀림을 받는 것처럼
친구들에게 놀림을 당할지도 모른다. 그렇다고 하더라도
흑인 커뮤니티에서 힙스터 래퍼로 산다고 해서 범죄자가
되는 건 아니다. 내 관점에서 볼 때 블립스터는 쿨한 흑인
괴짜nerd의 최신 유형으로, 백인 하위문화의 어떤 요소들을
(흑인 커뮤니티에) 접목한 것이다. 깡마르고, 얼굴에
곱슬곱슬한 털이 난 이 흑인 친구들이 미래의 우리들의
인종·문화적인 모습일지, 어느 누구도 알 수 없는 일이다.
그 접목의 결과가 닌자소닉Ninjasonik 같은 그룹이다. 그들은

블립스터 패션을 고수하고 힙합 테크노 펑크 음악을 만든다.

28 Blipster: 흑인black과 힙스터hipster를 조합한 말. 흑인 힙스터를 의미한다.
29 Tracy Morgan: 미국의 배우, 코미디언, 작가로 새터데이나이트라이브 쇼의
멤버이다.
30 Psychoanalysis: What Is It?: 힙합 프로듀서 프린스 폴의 1996년도 데뷔
앨범으로 화자가 정신과 의사를 만나 상담하는 내용의 가사로 이루어져있다.
31 Prince among Thieves: 프린스 폴의 1999년도 두 번째 앨범으로, 힙합
사상 최고의 콘셉트 앨범으로 평가받고 있다.
32 3 Feet High and Rising: 들 라 소울의 1989년도 데뷔 앨범. 프린스 폴을

"타이트 팬츠"Tight Pants 같은 노래에서 그들은 "나는 꽉 끼는 바지를 입는 흑인이야" 같은 가사를 끝도 없이 반복한다. 트레이시 모건[29]의 악명 높은 유행어 "누군가 임신할 거야"Somebody's gonna get pregnant를 후렴으로 사용하기도 했다. 이런 현상은 힙합 아티스트들이 힙스터의 기표로 부상한 아이러니, 거리감, 초연함과 같은 것들을 실제로 포용할 수 있음을 보여준다. 힙스터들이 모종의 문화적 고갈을 드러내고, 닌자소닉은 흑인들이 중산층의 견인력, 즉 부르주아지에 해당하는 안락함을 누리게 될 때, 오직 그때에만 힙스터의 귀신 역시 일종의 문화 허수아비로서 그런 흑인들을 위해 고개를 쳐들 것이라는 사실을 말하고 있는 것이리라. 적당한 때에, 모든 문화는 자생적 힙스터들을 갖게 된다. 그러나 이런 해석은 만약 우리가 힙합의 유산과 힙합이 추구하는 아이러니와 코미디의 근원적인 핏줄을 무시할 때에만 인정받을 수 있다. 프린스 폴Prince Paul은 〈사이코어널리시스: 왓 이즈 잇?〉[30]와 힙합 오페라 〈프린스 어몽 시브스〉[31]에서, 들 라 소울은 〈쓰리핏 하이 앤 라이징〉[32]과 〈들 라 소울은 죽었다〉[33]에서 도시를 전위적으로 풍자한 형태의 '힙합 스케치'를 상당부분 고안해냈다. 그밖에 현재

유행하는 스타일의 힙합이 등장하기 전에 변화무쌍하고

프로듀서로 영입해 작업한 앨범으로 평단과 시장 모두에서 성공을 거두었다.
33 들 라 소울의 1991년도 두 번째 앨범으로 역시 프린스 폴과 함께 작업했다. 화분의 꽃이 죽어있는 커버 재킷은 히피 운동이 끝났음을 시사하고 있다.

코믹한 힙합 음악을 들려준 아티스트로는 다나 데인Dana
Dane, 비즈 마키Biz Markie, 슬릭 릭Slick Rick, 그리고 그래미
어워드에서 힙합으로 트로피를 거머쥔 최초의 아티스트 윌
스미스Will Smith가 있다. 이들은 자의식 강한 이야기꾼이었고,
메타적인 가사까지 선 보였을 뿐 아니라, 이른바 '컨셔스 랩'의
호전적인 정치학과 '갱스터 랩'의 거친 말투에 대해서도 언제나
전복적인 자세를 취했다. 이처럼 초기 힙합 의식에는 지금
우리가 힙스터를 생각할 때 느끼는 떨림과 순수함이 있었다.

백인 소년들을 바라보는 한 명의 흑인
소년으로서, 나는 힙스터주의가 백인들이 권력과 불공정함을
의식할 때 등장한다고 생각한다. 하지만 정작 힙스터주의는
말한다. "뭐, 우리더러 어쩌라고? 두 손 번쩍 들고 카메라를
보며 웃긴 표정이라도 지을까." 권력을 양도하는 모든
행위는 필연적으로 미학적인 제스처에 그치고 만다.
힙합이 등장한 시기에 성장한 젊은이들은 힙합을 통해
흑인들이 권리를 되찾아가는 과정을 목격했지만, 동시에
힙합이 프레피나 여피 처럼 상업적으로 착취당하는 광경도
목격했다. 만약 힙합이 백색 미국을 통해 무엇인가를
학습했다면 새롭게 탄생한 젊은 백색 미국은—사실을

정정하는 데 있어서 할 수 있는 최선의, 그리고 유일한
노력의 일환에서—이렇게 말할 것이다.

"보십시오. 우린 더없이 멍청하고 볼썽사나울 정도로 공허한
존재가 될 거요. 그러니까 당신들은 당신들의 출발선으로
되돌아가서, 우리도 우리의 출발선으로 되돌아갈 수
있도록 도와주쇼."

우리가 원하는 것은 다만 '우리'와 '그들'이라는 이분법을
극복할 수 있는 수단을 찾아내는 것뿐이다.

힙합은 '우리'와 '그들' 같은 관점에서 바라보면서 본질과
내용, 현실적인 사람들, 불공정과 부정을 수정한다. 그러니
힙스터에 대해 토론하고 어떤 결론을 도출하길 원한다면
차라리 힙합에 대해 이야기하는 게 더 나을 수도 있다. 그
편이 보다 확실하게 핵심을 짚고, 말과 생각을 보다 쉽게
행동으로 옮길 수 있는 길이다. 그래야만《하얀 흑인》처럼
지적 의식ritual에 탐닉하는 함정에 빠지지 않고, 힙합의
코드와 감성을 배울 수 있다. 힙합은 문화이지, 겉치레나
미학이 아니다. 힙합엔 깊이가 있다. 만약 힙스터와 힙합이
둘 다 우리를 공공의 장으로 안내하는 문이라면, 힙합은
당신을 출발점으로 회귀시켜주는 존재일 것이다.

에세이

ASSAYS

두시백[1]에 대하여

_ 로버트 무어

"이제 우린 주류로 자리 잡았으니 다른 사람들을 망쳐놓을
기회도 늘었다. (……) 지금까지, 우리는 우아한 척하며
그 짓을 했다. 괴이하지만 우린 좋아하는 음악을
만들었다. 어쩌다보니 라디오 전파도 타게 됐다. (……)
궁극적인 목표는 '두시백'은 되지 말자는 것이다."

                           — 앤드류 밴와인가튼[2].

이 글은 《스핀》[3] 2008년 11월호에 실렸다.

168   스물두 살 무렵, 나는 처음으로 자아가 무너지는 고통을

---

1 Douhebag: 원래는 여성들의 휴대용 질세정제를 의미했으나, 이후 '기분 나쁜
놈' 이라는 뜻으로 통용됐다. 슬랭과 일상어를 업데이트하는 사전, 어번딕셔너리
urbandictionary.com에 있는 두시백에 대한 정의는 흥미롭다. "16세에서 24세에
이르는 백인 남자들 가운데 머리를 젤을 발라 뾰족뾰족하게 세우고, 폴로 티셔츠의
깃도 세우고, 맨발에 스니커즈 운동화를 신는 이들이다. 시끄러운 테크노 음악을
즐겨 듣고 콜론 향수로 목욕하다시피 한다."
2 Andrew VanWyngarden: 미국 사이키델릭 록밴드, MGMT의 멤버.
3 Spin: 1985년에 창간된 미국 팝, 록음악 잡지.

느꼈다. 피에르와 함께 오토바이를 타고 비하르의 흙길을
달리던 때였다. 피에르는 내게 자신이 생각해 오던 것들에
대해 이야기했다. 그 말을 듣는 순간 내 뇌는 멈춰 섰고
무수히 많은 생각들이 두개골 밖으로 튀어나오려고
했다. 마치 오비디우스의 서사극 〈변신〉에 나오는
것처럼 내 안의 뭔가가 크게 뒤틀린 것처럼 느껴졌다.

한 군인이 전쟁이 끝났다는 사실을 깨달았다. 포로들은
자유인이 된다. 전 대통령이 집무실을 떠났다. 세 명 모두
창밖을 바라보며 점점 커져가는 공포감 속에서 이제 두
번 다시 고향으로 돌아갈 수 없게 되었음을 깨닫는다.

그런 순간이 찾아오면 나는 아마도 두시백이 되고 말 것이다.

머릿속으로 그와 관련한 의미심장한 과거의
순간들이 짤깍대면서 무수히 스치고 지나갔다. 고등학교
때 알고 지냈던 (자신을 '망치 사내'라고 부르라고 하던) 한
친구는 비어 스턴스[4]에서 해고됐다. 어깨너머로 여름 미풍에
흩날리던 깃털 같은 갈색 머리가 귀를 간지를 때면 "가끔
169 샤워를 하고 난 후에도 개운하지가 않아"라는 말이 들려왔다.

---

4 글로벌 투자은행.

예거마이스터. 이빨이 훤히 드러나 보이던 미소. 지미 팰런.[5]
'두시백 같은 놈' '진짜 두시백' '이런 개돼지 같은 두시백 새끼'
당시 피에르와 나는 인도 북동부의 한 수도원에서 머물고
있었다. 그곳에는 우리말고도 몇 명이 더 있었다. 수도원
안에서는 텔레비전과 컴퓨터는 물론 라디오조차 허용되지
않았기 때문에 양초를 켜놓고 '연기법'[6]에 대한 글을 쓰거나
밥을 먹거나 명상을 하거나 잠을 자는 일과를 제외하면 할 수
있는 일이 별로 없었다. 고작해야 체스를 두고, 책을 교환하고,
이야기를 나눌 뿐이었다. 우리가 가장 좋아한 수다거리는 런던
공항에서 서로를 처음 봤을 때 느꼈던 첫인상을 이야기하는
것이었다. 자아를 해체하고 무자아 상태를 이해하는 법을
배운다는 것에 대해 너무 많은 대화가 오갔고 다들 깔끔한
민머리에 똑같은 옷을 입고 있으니, 고향에서 살던 시절의
자신이 어땠는지는 쉽게 잊어버렸다. 그렇다고 해도 처음
개트위크 공항에서 나를 봤을 때 피에르의 머릿속에 섬광처럼

'저 자식은 두시백(보다 정확히 말하면,
남학생 사교클럽의 두시백)이다!'

170 라는 말이 떠올랐다는 이야기를 들었을 때 기분이 썩 좋지는

5 Jimmy Fallon: 미국 배우, 코미디언, 가수, 뮤지션. 현재 자신의 토크쇼 'Late Night with Jimmy Fallon'를 진행하고 있다.
6 불교 교리 체계의 하나로 어떤 근본으로부터 일체의 만물이 생성한다고 보는 이론.

않았다. 공항에 도착했을 때, 나는 버튼다운 셔츠를 입고
(카스트로 풍도 아니고, 트럭커 풍도 아니고, 펠트 모자도
아닌) 모자를 쓰고 있었다. 짧게 자른 머리 아래로는 중서부
출신 특유의 서글서글한 표정이 엿보였을 것이다.

두시백이란 욕설의 어원이 더러운 물건, 개인적 치욕이라는
사실을 모르는 사람은 없다. 옥스퍼드 영어 사전을
보면 '두시백'은 1960년대의 어느 시점에 애초의 여성용
위생도구를 지칭하던 용어에서 '매력 없는 남녀공학 학교
여학생' 혹은 '우스운 상대'라는 뜻으로 변했다는 것을 알 수
있다. 또 다른 출처를 살펴보면 이 말이 원래는 '윤리적으로
헤프다고 알려진 여성'을 지칭한다고도 한다. 매력
없는 여성을 비하하던 이 말이 어느 시점에 경멸스러운
사람 일반을 지칭하게 되었는지는 알려지지 않았다.

　　　　　두시백에 어떤 문화적인 코드는
없지만 1980년대에 이르러 젊은이들 사이에서 하나의
은폐된 욕설로 통용되기 시작했다. 예를 들어 학생들은
융통성 없는 선생을 두시백이라고 부르곤 했다. 2000년대
초반, 다른 많은 것들과 함께 두시백이 부활하게 된

계기는 80년대가 자극한 향수였을 것이다.

두시백과 관련 있는 21세기 초의 문학을 되살펴보면, 뉴저지나 그 근방 출신으로 일정한 특징을 가진 남성—술 취한 남자, 머리에 젤을 바른 남자, 구릿빛 피부의 남자, 담력을 자랑하는 남자, 옷깃을 세운 남자—이라는 상투적인 사고방식이 지배했다. 그러다 2002년이 되자 사방에서 두시백이 출몰하기 시작했다. 이런 유형이 뉴 구이도[7]로 유입되면서, 두시백이란 말이 가졌던 지역성은 사라지고 뚜렷했던 정의들 역시 전보다 복잡해졌다. "한눈에 알아 볼 수 있을 거야"라는 말은 어떤 두시백 블로그의 이름이었다. 용어의 확산은 가치저하와 몰락을 부추겼을 뿐만 아니라, 의미의 변화로 이어졌다. 2008년 즈음, 세상사에 귀를 쫑긋 세우고 있는 무분별한 (예를 들어 《에스콰이어》, 《주간 SF》 *SF Weekly*, 그리고 고커닷컴Gawker.com 같은) 출판사들이 두시백은 이제 한물갔다고 선언했다(고커닷컴의 경우는 두 번이나). 한 독자는 고커닷컴의 편집자에게 아래와 같은 내용의 편지를 보냈다.

　　　　　"두시백이란 말은 이제 한물갔습니다. 저는 그 말을 쓰는 유일한 의도는 상대방을 약 올리는 것이었다고 믿는데, 그 점을 제외하면 그 말은 이제 귀에 걸면 귀고리, 코에 걸면 코걸이 식이 되어 버렸습니다. 게다가 두시[8]들은

7 뉴저지의 해안 휴양지
8 douche: 인칭명사인 두시백은 원래 두시였고, 지금도 두시로 쓰이기도 한다.
9 Jersey Boy: 뉴욕 출신의 부모를 둔 뉴저지의 청년들(16세–21세)을 일컫는 말로 두시백과 비슷한 세계관과 패션스타일을 구가한다.
10 townie: 대학가에서 살지만 대학생은 아닌 이들을 일컫는 말.
11 tool: 자신이 이용당하는 것을 알지 못 하는 둔감하고 자존감 없는 사람을 경멸적으로 이르는 말.
12 Gawker: 뉴욕 맨하탄의 유명인사와 가십을 다루는 블로그 매거진이다.

그 말을 끌어다 힙스터나 그와 유사한 부류를 공격하는데
썼던 것 같습니다. 이제는 아무나 그 말을 쓰고 있습니다.
그들은 말에 담긴 본래의 아름다움을 더럽히고 있습니다."
이 독자가 설명한 (이제는 '아름다움'을 박탈당한) 두시백은
'저지 보이'[9]와는 상관이 없다. 마찬가지로 '두시'란 말이
등장하기 오래 전부터 존재한 '타우니'[10]나 '툴'[11] 같은 속어와도
상관이 없다. 더군다나 고커[12]같은 부류와 《주간 SF》 같은
부류에게 두시백이란 말은 힙스터의 대립항이었다. 아니
그 이상이었다. 두시백과 마찬가지로 힙스터라는 이름으로
불리길 원하는 사람도 전혀 없었다. 그러나 다른 사람을
두시백이라고 부를 수 있는 기회는? 그 기회는 힙스터들이
누군가를 두시백이라고 부르며 자신의 바깥 세계를 경계
짓고, 자신들의 자의식을 발견할 수 있는 기회를 제공했다.

    인도에 머물던 시절부터 지금까지 나는
힙스터들로부터 두시백이냐는 질문을 여섯 번 들었다.
한 번은 로드아일랜드 디자인 학교에 다니는 열아홉 살
학생에게 '내가 두시백처럼 보이냐'고 물어보기도 했다.
그녀는 말했다. "아뇨, 오빠는 아주 괜찮은 사람이에요.
하지만 오빠가 셔츠 깃을 세우고 헐렁한 청바지를

입고 다니니까 그런 소리를 듣는 거예요. 그건 두시백

패션이거든요. 오빠는 분명히 복근도 있을 것 같고요."

소라게가 등에 지고 있던 껍질을 버리고 새 껍질을 찾는 것처럼,

주류문화도 하나의 미학을 벗고 다른 미학을 받아들이는

과정을 겪는다. 주류문화는 힙스터가 사라지면서 남긴 것을

취했다. 1970년대 중반, 히피의 샤기 헤어스타일과 코밑수염이

유행했던 현상과, 1990년대 중반에 공장 노동자들의

유니폼을 제조하던 시장에서 시애틀 그런지의 플란넬 의류를

생산하기 시작했을 때가 그랬다. 같은 현상이 지금 또 한 번

일어나고 있다. 카피에[13]를 쓴 조나스 브라더스를 보라.

텔레비전에 등장하는 젊은 배우들이 방송을 거듭할수록

삐쩍 말라가고 계절에 맞지 않는 두꺼운 옷을 껴입는 것을

보면서, 그들이 여섯 달 전에 봤을 법한 힙스터들과 점점 더

많이 닮아간다는 생각을 했다. 방송작가들이 서로 공모해

배우들 주변을 두시백들로 에워싸는 것 같다. 내 생각에

대중매체에서 두시백을 가장 잘 유형화한 사례는 NBC의

〈오피스〉[14]에 나오는 앤디 버나드(에드 헬름스)[15]인 것 같다.

그의 능글맞은 미소만 봐도 알 수 있다. 권익에 대한 투철함,

계산적인 성취욕, 과도한 자신감이 엿보인다. 그가 입을 여는

174 건 오로지 자신의 가식적인 태도가 상대에게 제대로 전달

---

13 아랍 남자들이 머리에 쓰는 사각형 천.

14 The Office: 직장 내의 에피소드를 다큐멘터리적인 터치로 풍자하고 있는
시트콤 드라마. 원래는 영국에서 제작한 드라마였으나, 이후 미국과 이스라엘
등에서 새롭게 리메이크했다.

15 〈오피스〉에 등장하는 조연으로 허세가 많고, 화를 잘 참지 못 하는 인물.

16 John Mayer: 미국의 싱어송라이터로, 제니퍼 애니스톤을 비롯해 수많은
스타들과의 염문으로 타블로이드 가십의 표적이 되기도 했다.

17 엔터테인먼트 및 가십을 다루는 미국의 한 미디어 웹사이트.

됐는지를 확인하고자 할 때다. "내가 코넬 대학을 나왔잖아. 코넬대라고 들어 봤어? 그래, 4년 만에 졸업했다니까." 그러나 스바로 피자 하나를 먹으려고 뉴욕까지 여행을 불사하는 브랜드주의의 비극적인 광대, 마이클이야말로 최고의 두시백라고 반박할 수도 있다. 아니면 안경을 쓰고 카디건을 입은 라이언이 급증하고 있는 '힙스터 두시백'(다시 말해, 지난해에 유행한 힙스터의 한 유형)이라고 말할 수 있을지도 모른다. 〈오피스〉의 등장인물들은 주류문화의 한 단면을 극적으로 보여주고, 결국 그것이 우리네 실제 삶의 유형과 깊은 관계가 있음을 드러내주기 때문이다. 그들 중 누가 진정한 두시백인지를 구분하는 일은 당신이 자신의 정체성과 반대라고 생각하는 유형이 무엇인가에 따라 달라진다. 인터넷에 유포된 두시백 이론의 대부분은 거리낌 없이, 그리고 다소 악의적인 유희로 그 말을 거리낌 없이 적용하는 자칭 문필가들이 쓴 것이다. 가끔이지만 그들의 메시지는 의도했던 먹잇감의 심기를 뒤흔들기도 했다. "구글에서 제 이름을 검색해 봤습니다. 결과들을 보고 나도 두시백이라는 사실을 알았어요." 존 메이어[16]가 TMZ[17] 카메라맨에게 이렇게 말했다. 의심할 여지없이 그는 두시백이다. 결국 그 사실을 인정한 메이어는

자기 블로그를 통해 자신을 변호했다. 단, 두시백으로
낙인찍히는 것은 부인하지 않되, 그 말의 의미를 다시
정의했다. 논리 정연하다고는 할 수 없지만, 메이어는
두시백이라는 모멸적인 말은 누군가에 대한 질투나 또는
그럴 만한 가치가 없는 사람이 명성을 얻었다는 생각에
근거해 붙여진다고 상정한다. 그는 묻는다. "사람들이
'당신은 웃을 자격도 없다'고 말할 때, 오히려 헤벌쭉
웃어 보이면 영락없는 두시백이 되는 건가요?"
이 질문으로 인해 메이어는 두시백이라는 칭호를 꼼짝없이
다 뒤집어쓰게 될 것이다. 그러나 그 아래에 깔린 구슬픈
울음소리가 들린다. 다른 무엇보다도, 두시백은 자신이
쉽게 이해할 수 있는 것, 아니면 더 잘 알아들을 수 있는
용어들 가운데 정상적인 것을 찾고 있다고 믿는다. 여자들은
헤벌쭉한 미소와 기타 그리고 반짝거리는 천을 정말 좋아하지
않나? 두시백에게 다른 사람들에 대해 어떻게 생각하는지
물어보라. 무엇보다도 그들이 정말로 '괴짜'가 되려고 그렇게
노력하는 게 아니라는 것을 알게 될 것이다. 두시백으로
분류되길 원하지 않는다는 점은 두 말하면 잔소리다.
그토록 평범한 무엇이 되길 바라는 사람은 어디에도 없다.

'정상'이라는 것이 꼭 수은 같아서 어디로 굴러갈지 알 수

없는 우리와 같은 문화에서 트렌드는 끝도 없이 증가하고, 기준은 해마다 바뀐다. 이와 같은 현실에서 정상이라고 여겨지는 것은 일종의 승리를 쟁취하는 일과 다름없다. 두시백의 명성 자자한 거만함은 자신이 이미 정상적인 상태이고 그것이 곧 진정한 승리라는 그릇된 생각에서 비롯했다. 자신이 '비교적 정상'이라고 생각하는 두시백은 자신이 중심적인 위치, 권위적인 위치에서 말하고 있다고 생각한다. 그러나 외부의 관찰자의 눈으로 볼 때 그는 어디까지나 삼류에, 독선적인 사람일 뿐이다. 그런데, 도대체 두시백이 왜 겸손해야만 한단 말인가? 모든 것의 중심에, 절정에 있는 사람이 왜 그래야 하는가? 이 나라의 평범한 두시백들은 곧 미국 사회의 모범시민들이다. 남성적이고, 소신 있고, 다재다능하고, 건강을 챙기고, 윤리적이지만 청교도적이거나 점잖 빼는 법이 없고, 느물거리지 않으면서 남성적이고, 교활하거나 악의적이지 않고, 재기가 넘친다. 시대를 불문한 충실한 구매자이자 열성적인 참여자로 사회에 이바지한다. 주류가 구매하라는 것을 산다. 현재의 유행가는 거리를 두지만 경청하고, 과거의 유행가는 존중하는 마음으로 경청한다. 어느 모로 보나, 그는 60년대 문화전쟁을 헤겔적으로 총합한 결과물이다. 패커스 팀 시합을

177

구경하다 타임아웃이 되면 짬을 내 물파이프 마리화나를 피우며 번쩍이는 해병대원 모집 광고를 유심히 바라본다. 약발이 적당히 받았다면(반대로 제대로 못 받았다면) 내친 김에 입대할지 모른다. 그는 지금까지 배운 모든 것을 완전무결하게 실천한다. 사회가 요구하는 모든 것을 수행한다. 그런데 이렇게 노력을 기울였는데도, 정작 되돌아오는 것은 미미하고 하잘 것 없는 존중과 찬양이라고 생각한다. 그럼에도 이런 식의—개성보다는 정상성을 더 가치 있는 기준으로 삼는—존중이야말로 힙스터가 갖고 내어주지 않는 것이다. 오로지 이런 식이어야만 힙스터는 자신이 몇몇 두시백에게서 몇 가지 중요한 것을 빼앗았다고 믿으며 자기만족을 유지할 것이다. 그러나 두시백들이 스키니진을 발견하는 날엔(분명 곧 그렇게 될 것이다) 그때 힙스터는 무엇으로 그의 새하얗고 비쩍 마른 엉덩이를 감싸게 될까? 패러슈트 팬츠?[18]

178

---

18 낙하산병이 착용하는 바지로 여유 있는 통에, 바짓부리에서 졸라매는 것 같은 디자인의 바지.

한 번 보면 압니다

_ 다이나 토토리치

'힙스터 여성성'hipster feminine이란 무엇이고, 그 말을
규정하려는 시도는 왜 늘 불발로 끝나는가? 이 말을
조사하다보면 여러 성공한 여성들, 특히 여성 아티스트들을
만날 수 있다. 그녀들은 힙스터의 취향에 부응한, 곧
힙스터주의의 아이콘이다. 회화에선 엘리자베스 페이튼,
영화계에선 클로에 세비니,[19] 음악계에선 2000년대의 카렌
오[20]와 1990년대의 캐슬린 해너[21] 그리고 80년대의 킴
고든[22]이 있다. 디너 템플튼, 베스 디토, 조애너 뉴섬, 뷰욕도
있다. 심지어는 모두가 다 좋아하는 것 같은 주이 드샤넬과
디아블로 코디, MIA도 있다. 그들 각자가 이룬 성과를

19 Chloe Sevigny: 헐리웃 배우이자 패션 아이콘.
20 Karen O: 뉴욕 록밴드 예예예스Yeah Yeah Yes의 리더. 한국계 폴란드인
으로 2000년대의 새로운 패션 아이콘이 되었다.
21 Kathleen Hanna: 1990년대 여성 펑크록 밴드 비키니 킬Bikini Kill의 리더.
22 Kim Gordon: 록밴드 소닉 유스Sonic Youth의 보컬리스트, 베이시스트.

살펴보고 싶은 생각은 차치하고, 진지하게 말하건대 그들을
여자 힙스터들이라고 말할 수는 없다. 그들의 진정한 뿌리는
다른 데 있다. 그러므로 지금 말하는 맥락과는 맞지 않는다.
힙스터에 대한 정의에 따르면 진짜 힙스터는 아티스트가
아니다. 힙스터들은 큐레이터이고, 비평가들이고,
리믹서remixer들이고, 디자이너이고, 카피라이터이고, 예술가의
길을 걷는 프로슈머[23]이다. 힙스터들은 기껏해야 예술학교
학생들에 불과해 보인다. 구체적으로 말하면 남의 이목을
끌고 과시할 목적으로 과거 아방가르드들의 이름과 슬로건을
자본처럼 수집하고자 하는 야심을 가진 문화 석학이다.
많은 여성들에겐 그것이 자본이라기보다는 옷일 수도
있다. 힙스터 여성성의 모범이 되고자 했던 사람들도 정작
힙스터들에게 인기를 얻는 순간 예술가에서 스타일의
아이콘으로 평가절하 된다는 얘기도 있다. '오프닝
세레모니'[24]의 클로에 세비니, 샤넬의 클린 마샬(예명 캣
파워), 예예예스의 카렌 오는 음악만큼이나 헤어스타일로
문화에 공헌했다. LA에서 활동하는 헤어드레서는
내게 "단도직입적으로 말해서 '카렌'은 '레이첼'[25]에
대한 1990년대 중반기의 화답이에요"라고 말했다. 또

180 엔조이유어스타일닷컴Enjoy-your-style.com은 이제 라이엇

---

23 기업의 생산자producer와 소비자consumer를 합성한 말로, 소비뿐만 아니라
생산에까지 참여하는 소비자를 의미한다.
24 Opening Ceremony: 미국의 '힙한' 패션브랜드로, 클로에 세비니를 모델로
해 화제가 되었다.
25 the Rachel: 〈프렌즈〉에서 제니퍼 애니스톤이 한 단발머리 헤어스타일.
26 Jenny Holzer: 미국의 개념 예술가.

걸 밴드 비키니 킬의 캐슬린 해너의 패션이 '재미있고, 섹시하기까지 했다'고 칭송한다. '석 마이 레프트 원'Suck My Left One과 '레지스트 사이킥 데스'Resist Psychic Death의 작곡자가 듣고 기뻐할 말 같지는 않지만. 제니 홀처[26]까지도 케드Keds 브랜드의 운동화를 모으고 있을 정도다. 단색의 캔버스 하이톱으로 뒤꿈치 부분에 산세리프체 대문자로 '욕망으로부터 나를 보호하라'protect me from what I want 라는 문장이 인쇄된 그녀의 단색 캔버스 하이톱은 블루밍데일 백화점에서 한 켤레에 75달러에 팔리고 있다. 불만스러운 점은 여성 힙스터들의 특권화된 지식은 하위문화적이지도, 지적이지도 않고 하다못해 사이비 지성조차도 못 되는, 고작 옷차림에 관한 '여성적' 지식이다. 한쪽 가르마를 탄 뱅스타일 앞머리가 짧은 뱅스타일에 자리를 내준 시점, 아니면 끈 매는 드레스 슈즈가 캐주얼 단화를 대체한 시점을 아는 것은 권력구조를 허무는 데 도움이 되지 않는다. 오히려 내부적으로 패션 산업을 지탱하는 배타성, 질투, 포부라는 버팀목과 받침대를 제공하면서 그 구조를 강화한다. 만약 남성 힙스터에 관한 논의에—남성의 정체성 변동을 의미하는 타이트한 바지와 카디건 같은 재미난 스타일에

관심이 있는—여성이 참여할 자리가 사라진다면, 그
이유는 대화에 참여한 사람들이 여성 패션에서 하나의
문화에 걸맞은 참신함을 보지 못 했기 때문(아니면 못
하기 때문)이다. 여성 아티스트들이 '잇걸'it girl로 축소된
건 의복만이 여성의 유일한 문화이자 그녀들에게 익숙한
영역이라는 고정관념만 공고히 할 뿐이다. 이 연장선상에서
볼 때 '힙스터 여성성'이란 문구는 진부한 장광설로 보였고,
윌리엄스버그에서 힙스터 남성과 팔짱을 끼고 걸었던
여자들도 다만 패셔너블할 뿐, 힙스터라고는 볼 수 없는
여자들의 변주에 지나지 않았다. 다시 말해 진정한 힙스터
여성은 존재한 적이 없었다. 만약 힙스터들이 패션의
희생자[27]이라면 모든 여성들은 곧 힙스터이며, 그렇기
때문에 이 세상에 힙스터는 단 한 사람도 없을 것이다.
물론 이 말은 사실과 다르다. 힙스터인 여자도 있고 힙스터가
아닌 여자도 있다. 남녀 모두에게 힙스터주의란 대개
표면상의 유희, 외향적인 취지의 게임(연방 대법관이었던
포터 스튜어트가 음란 사진들에 대해 '보면 안다'고 말했던
것처럼, 힙스터도 대개 한 눈에 알아볼 수 있다)이다.
그러나 남성 힙스터는 단순한 신호 몇 개만으로도
알아차릴 수 있는 것에 반해, 여성은 복잡하고 다양한

---

27 fashion victim: 자기에게 어울리지 않는데도 늘 최신 유행을 따르는 사람을
일컫는 말.

기표에 둘러싸여 있기 때문에 구분이 쉽지 않다. 그렇기 때문에 옷차림으로 여성 힙스터를 확인하기란 엉뚱한 번지 앞에서 헤매는 것처럼 어리석은 일이다. 내가 볼 때, 여성들에게는 외모를 가꾼다는 사실 자체, 혹은 그리하게 위해 사용하는 미디어가 외모나 스타일 보다 중요하다. 나는 2004년 이후—내가 주의를 기울이기 시작했을 때 등장한— 여성 힙스터들은 파티 사진과 셀프 사진에 몰두했다는 견해에 반박한다. 힙스터 여성의 명성, 진정성, 적정성, 특수성, 독창성—캐릭터로서의 '거리낌 없는 솔직함'—이 절정에 달했을 때 마침 여성 힙스터 앞에 카메라가 있었고, 사진을 잘 받았고, 사진으로 남았다. 따라서 힙스터의 여성성에 대한 정의가 내려진 것은 바로 이 지점, 렌즈를 통해서였다. 그렇게 힙스터 여성은 뮤즈이자 주제로 남아, 밋밋해져 착취에 용이한 상태가 되었는지도 모른다. 그렇다면, 힙스터 여성은 다른 누구도 아닌 자기 자신을 위해, 그리고 다른 여성들을 위한 뮤즈가 된 것이다.

　　　　파티와 셀프사진이 명시한 힙스터 사진 미학의 기원을 따라가 보면 모든 길은 결국 폴라로이드에 이른다. 십년 간 가장 주목할 만한 힙스터 사진작가들 모두 남자라고 말해야 하나? 아무튼 테리 리처드슨Terry Richardson, 유르겐 텔러Juergen Teller, 도브 차니Dov Charney, 故 대시 쇼Dash Snow의 작품들을 보면 디지털이나 전통적인 필름으로 촬영한 사진들조차도 폴라로이드의 시각적 표현형식인 플래시의 과다 노출, 과도한 피부 노출, 억제된 호박색과 파란색의 옅은 배합 등을 고수하고 있다. 캐릭터를 부여하기 위해 힙스터의 미학은 창백하고, 가느다란 허벅지에 헝클어진 머리, 눈에 스모키 화장을 한 여성들―폴라로이드 카메라 캐스팅 콜 사진으로 발탁된 모델들―을 찍었고, 그리고 표현수단으로서 옷 차려입기 좋아하는 남자들을 지지했다. 그들은 폴라로이드의 프레임 안으로 걸어 들어가는 것이 70년대 스타일로 걸어 들어가는 것인 양, 스포츠맨 양말, 흰 티셔츠, 딱 달라붙는 바지, 그리고 코밑수염을 고수했다. 1972년이 되자 폴라로이드 SX-70이 출시되었다. 신기술이 이룩한 디지털 카메라가 나오기 전에 존재한 즉석카메라로 사적인 방식으로 사진을 인화할 수 있게 되었다. 몇 해에 걸쳐 디지털 카메라가 더 저렴해지고 쉬워지고 필름에 대적할 수 있을 정도로 성능이 좋아지자 폴라로이드 사는 2001년에 도산했고, 즉석사진도 2008년에 이르러 완전히 자취를 감췄다. 디지털 매체의 남다른 점 덕에 새롭게 할

185

+ 폴라로이드 SX-70 모델로 촬영중인 앤디 워홀.

수 있는 것들(포토샵은 왜곡 축에도 못 낀다)이 많아졌지만,
정작 힙스터들은 새롭고 저렴하고 조만간 도처에서 볼 수
있을 수단을 희귀하고 사장되어가는 형태로 발을 묶어놓는
쪽을 더 선호했다. 지하실 포르노, 모델 얼굴 사진, 범죄
현장 사진(폴라로이드의 필름은 별도의 공정을 요하지
않았다. 사진을 보정하거나 개선하는 것은 불가능했다),
앤틱에 대한 탐닉은 모든 주제에 섹시한 진정성을 불어
넣는 것 같았다. 그것은 힙스터 특유의 아이러니와 향수적
분위기에 말을 걸었고, 시대에 뒤떨어진 수단과 촉감이 좋은
기념품에 대한 힙스터의 집착에 말을 걸었다. 그러나 그중
최고는, 디지털 카메라가 로파이 특유의 다듬어지지 않은
성향과 자아건설에 대한 권리를 제공했다는 사실이다. 그
권리가 역설적인 건 그런 성향과 자아건설에 대한 취향을
'애초에' 자극한 것이 바로 디지털 카메라이기 때문이다.
아마추어들도 카메라로 작위성 없이, 위조 불가능하게 포착한
것으로 보이는 2차원의 '즉흥성'을 구현할 수 있게 되었다.
그리고 힙스터 집단의 아버지 앤디 워홀이 있었다. 워홀과
친했던 사진작가 버트 글린이 회고한 바에 따르면, 워홀은
'폴라로이드 카메라로 사진을 찍지 않으면' 거의 예외
없이 파티를 떠나버렸던 사람이었다. 오늘 날 워홀의

포스트모더니즘에 대해 별별 말이 다 돌고 있는 것과 무관하게, 그의 사진과 영화는 강박적인 진정성을 갖춘 작품들이었다. 그의 폴라로이드 사진과 스크린테스트는 한 장, 한 장이 단지 녹화렌즈를 위해 독특한 순간에 생생히 빛을 발하고, 자신을 뚜렷이 드러내는 진정한 한 사람이 카메라 맞은편에 존재하고 있음을 시사했다. 복장도착자부터 신인 스타, 사교계 명사, 매춘부 까지, 그들만이 가진 섬뜩한 희귀성이 매혹적인 것glamour으로 바뀌었다. '인생은 원래 이랬다'Life was like this는 것이 워홀의 카메라의 선언이었고, 이후 폴라로이드는 그 주장에서 한 발자국도 더 나가지 못 하는 것 같았다. 워홀의 유산을 발판으로, 이후 수십 년 간 폴라로이드가 이끌어온 미학은 뉴욕 클럽 씬에서 비슷한 친근함과 매혹을 추구했다. 그렇게 2004년에 들어와 힙스터 파티 사진이 탄생했다.

그 해, 유명 사진작가 제레미 코스트가 뉴욕의 저명한 언더그라운드 이스트 빌리지와 로워 이스트 사이드의 절충적이고 견실한 캐릭터에서 영감을 얻고, 진짜 폴라로이드로 힙스터들과 '패션 엘리트들'을 찍어 자신의 웹사이트 로이드레이지닷컴RoidRage.com(슬로건: 인생이 예술이 되는 곳)에 스캔해 올리기 시작했다. 또

2004년에 LA에서 활동하는 파티 사진작가로 '코브라

스네이크'란 이름으로 알려진 마크 헌터가 자신의

웹사이트 폴라로이드신닷컴 PolaroidScene.com에 올리기

위해 이스트코스트와 웨스트코스트의 어리고 난잡한

힙스터들을 사진에 담기 시작했다. 나중에 폴라로이드 사의

법무부에서 그가 찍은 마약중독과 영양실조에 시달리는

부유층 아이들과, 문신을 한 시니스터[28]들이 자사의

브랜드 가치를 훼손한다는 주장을 담은 편지를 몇 장

보내자, 사이트 이름을 '코브라스네이크'로 바꾸었다.

폴라로이드 측에선 계속해서 폴라로이드라는 이름을

사용하면 고소하겠다고 했다. 자칭 유행을 선도하는 사이트

더브릴리언스닷컴 TheBrilliance.com과 관련한 인터뷰에서 헌터가

말했다. "지금 결과를 보면 전화위복이 되었다. 사람들은 늘

'이봐, 그건 폴라로이드 카메라가 아니야'라고 말했으니까."

폴라로이드의 영감을 받은 마지막이자, 가장 유명했던

힙스터 포토 블로그는 (역시 2004년에 시작된)

라스트나이츠파티닷컴이었다. 캐나다 뮤지션 멀린 브롱크스의

소산물로, 브롱크스는 자신의 아티스트 바이오그래피에서

'사진은 지금의 록큰롤보다 더 록큰롤적이다'라고 주장했다.

브롱크스는 밤에 광택이 나는 가발과 선글라스(2005년《뉴욕

188

---

28 scenester: 뮤지션은 아니지만 특정 음악 문화에서 두드러진 활동을 보여주는
사람. 넓은 범주에서 팬, 그루피 등이 이에 해당한다.

타임즈》 기사에서 멜리나 라이지크가 명시했듯, '할로윈
코스튬과 함께 한 앤디워홀'에 대한 오마주)차림으로
다니는 것과, 세간의 이목을 끄는 뉴욕의 파티에서 술에
취한 매력적인 여자들을 구슬려 야한 포즈를 취하게
한 다음 사진을 찍는 것으로 악명이 높았다. 코스트나
헌터와 마찬가지로 브롱크스는 스타들과 사교계 명사들,
이십대 젊은이들, 그리고 '견실한 캐릭터들', 드랙퀸,
포르노 스타, 벌레스크 배우들처럼 사교계의 음지에
상주하는 자의식 강한 엔터테이너들을 사진에 담았다.
상기한 세 사진작가들이 포착한 대부분의 행사는 소니
플레이스테이션이나 영국 의류 회사 벤 셔먼, 파트론
데킬라의 런칭 파티 등, 대기업 후원 하에 유명 행사장에서
개최된 파티 뒤풀이 사진들이었다. 그러나 브롱크스와
헌터는 가끔 친구의 생일 파티에 가거나 '힙한' 동네를
일주하며 찍은 사진들에서 보다 색다른 방식으로 힙스터의
일상을 구현할 수 있었다. 눈동자가 살짝 풀리기만 하면
소녀들은 언제나 근사해 보였다. 사진 속의 인물들이 모두
유명인은 아니었지만, 모두 똑같은 한 사람처럼 보였다.
브롱크스도 헌터도 폴라로이드로 찍은 적은 한 번도 없었던
반면(둘 다 과거나 지금이나 디지털 카메라를 사용한다),

라스트나이츠파티와 코브라스네이크는 폴라로이드의
힘을 입증하는 것 같은 분위기를 자처해 유지했다.
초창기(2005년)에 두 사이트는 힙스터 인증사이트로 언급
되었다. 이런 시각적인 페이지를 방문해 빛을 내면
누구나 '공식적인' 힙스터라는 식의 논리가 성립되었고,
그런 원칙에 기반 해 한 발 더 나아가 동일시하거나
거부하는 주장도 할 수 있었다. 대중 사회학 웹사이트
힙스터런오프닷컴hipsterrunoff.com뒤에 숨은 정체불명의
블로거 찰스는 한때 힙스터 집단에 일정한 수준이 있는가라는
문제에 대해 이렇게 말하는 것으로 부인(하고 또 확증)했다.
"내 경우 코브라스네이크는 딱 두 번, 라스트나이츠파티는
한 번 가 봤다." 이와는 좀 다르지만, 여자 유혹하는 법을
가르쳐주는 포럼 루쉬브이닷컴rooshV.com에서 작업걸기에
관한 연구를 발표한 웹의 낚시꾼 형제들이 '힙스터 걸은
라스트나이츠파티의 사진들을 봐도 된다고 동의할 정도로
화끈한가' 라는 주제로 논쟁의 불러일으켰다. (평결: 힙스터
여성들은 화끈할 수 있다. 정말로 화끈할 수 있다. 단, 보이지
않는 대가를 강요한다. "밤새도록 아케이드 파이어[29]하고
앤디 워홀 얘기만 하며 앉아있고 싶지는 않거든?")

작업남들이 힙스터의 정의를 알아보려고 루쉬브이닷컴

---

29 Arcade Fire: 캐나다 출신의 인디록 밴드로 2011년 그래미 어워드에서
'올해의 레코드'상을 수상했다.
30 Vincent Gallo: 미국 영화배우, 감독, 시나리오 작가, 화가, 뮤지션.
31 American Spirits: 100퍼센트 무중독성을 표방하는 미국의 담배 브랜드.

같은 사이트를 언급한 건 옳았다. 바로 그런 사이트들을
통해 여성 힙스터에 관한 유독 확고하고 뚜렷한 이미지가
등장했기 때문이다. 의심할 여지없이 그런 이미지를 구현한
여성들은 워낙에 다양해서 카메라의 시야에서 벗어나
있었다. 힙스터 여성은 마르고, 자주 뱅스타일 앞머리를 했다.
빨간 립스틱을 바르고 뿔테 안경을 썼다. 가죽 재킷과 중고
드레스를 입었다. 그러나 패션보다 더 일관된 것은 힙스터
여성의 자세였다. 카메라 앞에 선 그녀는—못마땅하거나
겁에 질려서—렌즈를 직시하거나, 고개를 한쪽 어깨 쪽으로
기울이고 생각에 잠긴 듯 입술을 뾰로통하게 내밀거나
오므렸다. 그러다 가끔은 테이블 위에 올라서서 바지를 벗고는
혀를 내밀거나, 시속 40킬로로 속력을 낮추어 열광한 군중들
사이를 가로질렀다. 그러나 대개는 미소를 짓는 법도 없이
똑바로 쳐다보는 것이 유혹적이거나 지루한 듯 보였다.
이런 자세에서 인성 모방이 등장했다. 수도 없이 많은 파티
사진들이 힙스터 여성의 본질적인 인성이 '쌀쌀함'이라고
주장했다. 그 쌀쌀함이라는 것이 빈센트 갈로[30]와 함께
등받이 없는 의자에 앉아 아메리칸 스피리츠[31]를 피우는
모습의 '쌀쌀함'이건, 아니면 모르는 사람을 위해 셔츠를 벗는
모습의 '쌀쌀함'이건 간에 토플리스는 어떤 면에서 〈뜨거운

여자들)[32]에 본질적인 것만큼 라스트나이츠파티에도 주요한 수사법으로 남아있다. 또한 한 블로거가 브롱크스와의 인터뷰에서 반론을 끌어낼 생각으로 제기한 것처럼 힙스터 여성은 '화끈하고도 재미있는' 존재가 될 수 있지만, 쌀쌀함을 훼손시키면서 화끈하고도 재미있는 존재가 될 수는 없다. 마크 헌터가 자신이 가장 좋아하는 소녀들은 '바닥에 주저앉아, 모든 것에 느긋한 태도를 보여주는' 이들이고, 가장 좋아하는 사진은 '바닥에 주저앉아 있는 깡마른 소녀들'이라고 말한 적이 있다. 헌터의 관객들이 본 사진들이 바로 그랬다. 바닥에 앉아 있는 수백 명의 깡마르고 쌀쌀맞은 소녀들.

힙스터의 쌀쌀함에 대한 헌터의 이상이 아마도 가장 잘 구현된 경우가 한때 그의 여자 친구이자, 뮤즈로 90년대 파티 사진 시대에 태어난 힙스터 여성 가운데 최고의 아이콘일 코리 케네디[33]일 것이다. 《LA타임매거진》 특집기사에 헌터가 밝힌 바에 의하면, 헌터에겐 에디 세즈윅[34]의 화신이었던 케네디는 노력하지 않아도 사진이 잘 나오는 외모의 십대 소녀로, 열다섯 살 때 엘 레이El Ray에서 열린 블러드 브라더스Blood Brothers 콘서트에서 처음 만났다. 헌터가 케네디를 파티에 데리고 다니며 자신의

---

32 Girls Gone Wild: 젊은이들이 많이 모이는 곳에 찾아가 카메라 앞에서 가슴을 내놓거나 알몸을 보여주는 여자들을 촬영해 보여주는 TV시리즈.
33 Cory Kennedy: 모델이자 인터넷 스타.
34 Edie Sedgwick: 앤디 워홀의 영화에 출연한 모델 출신의 배우.

＋ 파티에 참석한 코리 케네디.

피사체로 삼기 시작하면서, 케네디는 유명하다는 사실로 유명해졌고, 컴퓨터에 빠진 교외 지역의 소녀들이 다만 같은 모습—창백하고 깡마른 체구, 헝클어진 갈색머리, 뾰족한 팔꿈치, 멍든 무릎, 반쯤 내려 뜬 밀랍 같은 눈동자—으로 비쳐지길 바라는 마음으로 아낌없이 사랑하면서 특히 더 잘 알려지게 되었다. 케네디는 해진 블랙진을 입었고, 팔에 굵직한 보석을 둘렀고, 주변 사람들이 콧구멍에 남은 코카인 가루를 문질러 없애며 섹시해 보이려고 애쓰는 동안, 아무데나 철퍼덕 주저앉아 음식을 가지고 장난친다던가, 캔디 색소에 물든 혀를 내 보이는 등, 바보 같고 유치한 행동을 보여 주었다. 헌터가 코브라 스네이크 페이지에 케네디의 사진을 올릴 때마다 웹 트래픽 용량이 초과되었다. 헌터는 '패션 커뮤니티 사이트들' 출신으로 《LA타임매거진》에 입사한 숀 허블러와 주로 인터뷰했다. 그래서 케네디 또한 스타일 아이콘이 되었는데, 비단 미국뿐만 아니라 네덜란드, 아르헨티나 같은 곳에서도 유명해졌다. 그녀는 세계 다수의 젊은 여성들을 고무시켜, 그녀의 이미지와 비슷하게 셀프 사진을 찍고 싶게 만들었고, 실제로 그랬다. 많은 여성들이 케네디처럼 찍은 사진들을 소셜 프로필과 라이브저널스LiveJournals와 개인

194

35 반바지로 된 점프수트. 아동용 옷이었으나 2000년대 들어와 여성복으로 유행하고 있다.

블로그에 올렸다. 너브닷컴nerve.com같은 데이트사이트와
이베이eBay의 빈티지 '창고'—여성 기업가들이 '빈티지 힙스터
인디 보헤미안 플로럴 프린트 롬퍼[35] 코리 케네디!!!' 라는
검색 가능한 제호와 함께 힙스터 사진 블로그가 제안하는
패션에 맞게 모델링해 판매하는 곳—에서 앞머리로 얼굴을
가리고 해진 청바지 차림으로 동네 포장도로에 앉아서
찍은 셀프 사진은 힙스터 자가진단 방식이 되었다. 2006년
혹은 2007년, 코리에 대한 열광이 있은 후, 셀프사진은 이미
한 개인의 가장 좋아하는 영화, 책, 혹은 사람들의 목록을
보여주며 온라인 페르소나를 구축하는 데 필수적이고,
익숙한 문화적 실천이 되었다. 그리고 그렇게 힙스터 여성의
자아도 주류의 현존하는 습성과 꼭 맞물리게 되었다.
주류에서 사람들이 이미 다른 사람들을 위해 그들 자신을
포장하고 제시하는 방법을 알아내는 데 한창 골몰하던 차에
말이다. 결국 인터넷은 힙스터만을 위한 것은 아니었다.
그러나 4~5년 전에 여성 힙스터가 힙스터 미학을
지지한 셀프 사진을 적극 활용하지 않았다면—눈부신
플래시, 멍한 시선, 과도한 각도, 혹은 코리 케네디 식
복장— 오늘 날의 여성 힙스터는 극소수에 머물렀을
195   것이다. 올해 6월,《뉴욕 타임즈》에서는 '패션과 스타일'

섹션을 통해 셀프 사진(컬럼니스트 데이빗 콜먼은 거울형 아이폰 카메라 같은 기술 덕에 셀프사진이 이제는 보다 광범위해진 현상이라고 말한다)의 비법을 제공하는 기사를 게재했다. 디제이 겸 힙스터 사진작가 레이첼 챈들러가 기고가로 참여했고, 그와 함께 '올해의 모델: 나'라는 제목으로 챈들러의 셀프 사진 슬라이드쇼가 함께 실려 있었는데, 다분히 노골적이라 거슬리기까지 한 표현들을 통해 힙스터 셀프사진의 규범을 명시하고 있다.

레이밴 선글라스에 비키니 차림으로 폴라로이드의 빈 카트리지 옆에 누워 있는 자기 자신을 찍은 사진의 흰 테두리에 챈들러는 이렇게 써 놓았다. "포토샵으로 장난 좀 치면 다 되는데, 굳이 정품 폴라로이드를 쓰겠다면, 증거가 될 만한 것과 함께 사진을 찍어야할 것이다." 다음 페이지를 넘기면 열대 분꽃 아래에서 플래시 조명을 받은 아름다운 그녀의 사진 옆에,《타임》지의 해설이 붙어 있다. "많은 사람들은 싸구려 플래시를 약하게 하거나 아예 꺼 버리는 것으로 문제점을 해결하려고 하지만, 챈들러는 플래시를 오히려 강하게 하는 것도 좋은 선책이라고 말한다. 플래시는 주름살을 지워주고, 특히나 과도하다 싶은 유혹적인 분위기로 사진에 현대적인 감각을 불어넣는다."

힙스터의 미학을 흉내 내고 소셜네트워크
사이트를 융성하게 한 현상이 나타난 건 로이드레이지,
코브라스네이크, 라스트나이츠파티, 그리고 코리 케네디와
더불어 셀프 사진이 등장한 후였다. 그런 후에야 내가 다녔던
LA의 고등학교에도 힙스터들이 보이기 시작했고, 비로소
스키니진과 뿔테 안경과 빈티지드레스와 해진 플란넬 셔츠가
제트래그Jet Rag나 아드바크스Aardvarks 등의 '빈티지' 소굴이
아니라, 비벌리 힐즈의 투광조명등이 켜진 부티크에 상상을
초월할 만큼 비싼 가격표를 달고 나타나기 시작했다. 이는
실버레이크Silverlake와 에코파크Echo Park로 고립되어 있던
힙스터들이 급증한 것은 결코 아니었다. 마치 힙스터의
여성성이 수많은 사진작가들에 의해 포장되어 최고급 여성
패션으로 논리적 상승을 한 것 같았다. 그래봤자, 결국
어번 아우피터스, 포에버21, 타깃을 거쳐갔지만 말이다.
시간이 흐를수록, 그리고 '이 죽여주는 힙스터를 보라'라는
제목으로 수많은 블로그―소녀들(과 소년)들이 힙한 옷을 입고
사진을 찍어 올려 다른 유저들이 '좋아해주고' 서열을 매기도록
한다―에서 튀어나오는 힙스터 사진들이 더 많이 나올수록,
2004년에 탄생한 힙스터 여성이란 것은 사실 백 퍼센트 사진이
고안해낸 것으로 당시 열다섯 살이었던 우리에게 서서히

스며들었다는 생각이 든다. 여성을 포함하는 수많은 판타지와
마찬가지로, 사진 역시 아이의 몸을 한 아름다움이 난잡한
전성기를 누리고, 사색에 잠긴 표정으로 산업 폐기물장을
스쳐 지나가거나, 혹은 실제로 존재할 수 있는 의류회사를
위해 벌거벗고 자세를 취하는 것으로 '아이러니하게도'
성의 종속화라는 역사를 재개하는 유일한 곳이었다.
어쩌면 이렇게 카메라를 위해 연출된 인생이 실제로 별로
감흥 없는 마케팅이나 판매업에서 초치기를 하면서,
터무니없는 가격의 빈티지 옷을 사려고 (또 그 옷이 맞는
몸이 되기 위해) 끼니를 거르고, 노이즈 인디 아트록 밴드를
하는 남자—나중에는 아무 짝에도 쓸모없는 낙오자로
부모님 집에 들어가 살 거나, 운이 좋으면 정말로 좋은
앨범을 만들어 세간의 주목을 받을지도 모르는 남자—를
만나는 한 젊은 여성의 삶보다 나을지도 모른다. 워홀의
사진작품들이 모종의 리얼리티에 대한 소유권을 주장한
지점에서 힙스터 여성의 파티와 셀프 사진이 안하무인의
책략을 공언한 것이다. 그 사진들은 "이런 게 인생은
아니야" 라고 말하는 것 같다. 그렇다고 소녀들이 꿈을
꾸는 것도 안 되나?《LA타임즈》에서 케네디는 파티문화에
대해 이렇게 말했다. "전보다 더 와일드해졌어요."

백인 힙스터의 묘지명

_ 마크 그리프

2003년 8월 14일 대정전이 나자 뉴욕 거리의 휴대용
라디오에서는 1977년의 정전 때처럼 온 나라를 오싹하게
만든 약탈 사건이 또 일어나지 않을까 우려를 표하는 뉴스가
흘러나왔다. 메트로폴리스에 다시 한 번 어둠이 내려앉고
있었다. 1990년대 백인들의 복귀와 고급 주택화, 여기에
'줄리아니 시대'[36]와 저열한 윌리엄 브래튼 경찰국장[37]의 강력한
치안 유지활동으로 범죄는 줄어들고 (2001년 9.11 참사에
아랑곳 하지 않고) 부동산 시장은 활성화되던 디즈니랜드
신세계에 마침내 시련이 시작된 것일까? 열네 시간이 지나,
아무런 피해를 입지 않은 상점들 위로 해가 떴을 때, 당국은

---

36 전 뉴욕시장인 루디 줄리아니는 검사 시절, 마피아 조직을 소탕하여 이름을
알렸고, 이 공로로 1994년 뉴욕 시장에 당선됐다. 재임 기간 동안 검사 재직
경험을 바탕으로 뉴욕의 범죄문제를 적극적으로 해결, 범죄율을 크게 낮추었다.
1997년 선거에서 뉴욕 시장으로 재당선되었다. 임기 말년인 2001년 9월 11일,
세계 무역 센터가 테러 사건으로 시 전체가 큰 혼란을 겪었을 때에도 강력한
리더십을 보여주어 뉴욕뿐 아니라 전 세계적으로 큰 존경을 받으며 임기를 마쳤다.
37 뉴욕과 로스엔젤레스의 시경찰국장을 역임했으나, 1990년 뇌물 비리 혐의로
사임했다.

환호했다. 그보다 35년 일찍 최악의 곤경에 시달렸던 크라운
하이츠와 부시위크의 주민들은 침묵을 지켰다. 약탈 사건
같은 것은 전무했거나, 거의 없었다. 적어도 맨해튼에서는
어느 누구도 문제 삼을 만한 일은 없었다. 언론이 마지못해
기록한 일련의 소동은 있었지만, 그래봤자 로워 이스트
사이트 힙스터들 몇몇에게만 해당하는 일이었다.

그 사건이 일어난 상점은 에이라이프Alife란
곳이었다. 마치 실존의 최고 등급을 수여하기라도 하듯,
얼라이프가 아니라 '에이·라이프'라고 읽어야 했다. 자칭
브랜드와 디자인 컨설턴트업을 표방했지만, 주로 일반인은
꿈도 못 꿀 정도로 비싼 스니커즈 판매점으로 알려진 곳이었다.
한정판 나이키나 맞춤주문한 척 테일러 같이—최고가의
경우 물경 800달러에 달하는—터무니없이 비싼 운동화들이
트릭 자전거, 모토크로스 재킷, 아스트로터프 인공 잔디,
그라피티 물감 등으로 꾸며진 기묘한 실내장식 한 가운데에
놓여 있었다. 오처드 스트리트에서 처음 개장한 날부터,
그 블록에선 변종과 같은 그 존재가 나에겐 눈엣가시였다.
'백인 문화'를 이야기하는 보수당원들을 보면 마음이
불편해지는 것과 비슷했다. 장사가 잘 되자, 에이라이프는

＋ 루디 줄리아니 뉴욕 시장.

새빌 거리[38]의 양복점처럼 꾸민 프라이빗 라운지를 추가로
개장했고, 전화번호, 티파니 스타일의 초인종, 간판 없이
빗장만 질러 놓은 강철 문, '회원 외 입장금지' 표지판 따위가
없어도 상관하지 않는 단골손님들에게 스니커즈를 팔았다.
에이라이프가 입성한 동네는 푸에르토리코인, 흑인, 유대인의
거주지역이었다. 원래는 가죽제품과 의류를 싸게 파는
곳으로 알려진 곳이었지만, 1999년부터 지금까지 다른 어떤
이름이 아니라 오직 '힙스터'라고만 호명되었던 신인류의
배타적 거주지로 하루가 다르게 성장하면서 서부 지역의
중심지가 되었다. 이 힙스터들은 (에이라이프 매장이 있는)
리빙턴을 경유해 오처드에서 자생했다. 동쪽으로는 유명하고
터무니없이 비싼 식당으로, 택시나 마을버스를 타고 찾아와
보도를 밟고 올라서며 어리벙벙해하는 부호 단골들을 접대했던
'59 클린턴 프레시 푸드'[39]가 개업한 곳인 클린턴이 있었다.

    2003년 정전이 된 첫 날 밤, 열한 시가
채 안 된 시각, 도둑들이 에이라이프 클럽의 골목 쪽 문을
부수고 침입했고, 상당수의 사람들이 매장 상품을 약탈하기
시작했다. 이윽고 매장 주인이 나타나 플래시라이트로
어둠 속을 비추자, 그들은 뿔뿔이 흩어졌다. 폭도가 된

38 영국 런던의 한 거리로 고급 양복점이 많다.
39 와일리 듀프리슨Wylie Dufresne이 이곳에 식당을 개업했다. 여전히 음식
업계의 명사라고 할 수는 없는 그가 클린턴에 가게를 차린 계기는 다만 그 동네
토박이였기 때문이라고 한다. [저자 주]

＋ 뉴욕 오처드 스트리트의 에이라이프 매장 내부.

사람들이 20온스들이 병을 집어 던졌다. 이곳은 물론, 운동화 상점들이 모인 동네였다. 에이라이프는 모퉁이만 돌면 나오는 '지미 재즈'Jimmy Jazz와 '리치즈'Richie's 등의 유명 할인 매장들이 대개 흑인과 라티노를 상대로 파는 것과 조금도 다르지 않은 운동화들을 가격 상승과 슈퍼브랜드주의로 재마케팅하는 전략을 개척했다. 또한 에이라이프는 특정 지역에 국한되지 않은 관광객 시장을 타깃으로 삼으면서, 맨해튼의 경계에 인접한 빈민지역이라는 진기한 특성을 부당하게 이용했다. 지미 재즈나 리치 매장에서는 아무런 사건도 보고되지 않았다. 딜런시의 '풋 라커'Foot Locker는 누군가 던진 벽돌로 창문이 깨졌고, 브룩클린의 풋 라커 매장엔 강도가 들었다. 그러나, 엘드리지 가의 '노트'Nort와, 휴스턴 북쪽 경계 건너편에 있는 '엘리자베스'Elizabeth는 물론, 서쪽 멀리 위치한 리틀 이탈리아[40]의 한 동네에 있는 매장으로 예전엔 '프로히빗'Prohibit이란 이름이었지만 최근 부유한 중개상들이 '올리타'olita라고 바꾼 곳까지, 힙스터 군도 전체에 퍼져 있는 부유한 백인들이 찾는 운동화 매장이자, 에이라이프의 유사품이라 할 수 있는 매장들에선 모두 폭행, 미수, 도난 사건이 있었던 것으로 보고되었다. 어둠이 내린 시기에 주목할 만한 유일한 범죄들이었다.

40 이탈리아인들이나 이탈리아계 사람들이 밀집한 지역에 대한 일반적인 명칭.

당시 나는 그 동네 사람들이 복수를 한 것이라고 생각했다. 그래봤자 더 없이 궁상맞은 복수였고, 깨진 유리창과 병 때문에 몇 바늘을 꿰매는 일까지 생기자 더더욱 치욕스러웠다. 그러나 내가 아는 한 그 정도가 이 동네에서 할 수 있는 유일한 복수, 또는 거부의 제스처였다. 사실, 정반대 편에 반짝거리는 쇼윈도우 안에 진열되어 있는 꿈도 못 꿀 고가의 상품을 약탈할 생각을 하면서, 거부를 한다면 얼마나 할 수 있었겠는가? 여기서 나의 입장은 이례적일 정도로 유리해서, 두 개의 서로 다른 편견에 기울긴 했지만, 아마추어 사회학과 잘 맞았다. 나의 부모님은 2000년부터 그 동네의 동쪽에 위치한 윌렛 스트리트의 아파트에서 살았다. 나는 할머니와 할아버지가 그 거리에 관해 들려주시는 얘기를 구구절절이 들으며 자랐다. 당신들은 공동주택과 노동자들의 조합주택, 공영주택 등 뻔한 동네에 대해 같은 얘기를 수도 없이 반복하셨고, 그 전엔 그 거리가 어땠는지에 대해서도 시시콜콜한 설명을 곁들이셨다. 그런 이유로 나는 이 동네에 정착하는 양상에 애착을 느끼게 되었다. 할머니네 아파트 쪽 딜런시의 맞은편에서 일어나는 변화의 시기에 나는 가끔씩이나마 할머니 댁을 방문해 길게는 한 달 정도 살았다.

휴스턴에서 북쪽까지, 남쪽의 (확장을 한 후 그랜드로 바뀐)

딜런시, 클린턴에서 남쪽까지, 그리고 (나중에 앨런으로 바뀐) 오처드에서 서쪽까지, 신생 문화의 진원지가 된 거리의 구획을 어안이 벙벙해 바라보았다. 처음 그곳을 방문했을 때 나는 '젊은이들'이 도대체 뭔 일을 저지르려는지 신경이 쓰여 미칠 지경인 나이였고, 그때 내가 본 거의 모든 사람들은 나보다 나이가 많았다. 나는 힙스터 카탈로그와 전단지를 읽었고, 힙스터 상점을 방문했고, 이야기를 나누고, 메모를 했다.[41]

'옛날 동네' 편견에 대해 한 마디 하겠다. 1970~80년대에 어린 내가 그 동네를 방문하던 시절, 나는 내 조부모님들이 경험한 그대로 동네 거리에 익숙해졌다. 그 이유는 '그 거리'에서

---

41 다른 글을 통해서는 '힙스터'에 대항하는 정의를 내리는 시도를 했으나, 이 글에서는 힙스터가 역사적 맥락에서 갖는 의미를 만들 목적으로, 특정한 한계를 두지 않고 용어를 사용했다. 그렇게 사용한 힙스터의 용례가 독자들이 염두에 둔 용례와 차이가 있겠지만, 결국은 소통 가능하리라 생각한다.

그러나 힙스터라는 명칭이 어떻게 생겨났는지에 대한 의문은 여전히 남는다. 1990년대 후반에 딜런시 북부가 겪은 변화에 대해 가족들에게 처음으로 설명했을 때, 새로운 이주들을 '힙스터들'이라고 불렸던 것을 분명히 기억한다. 누구도 힙스터라는 말을 하기 전의 일이었다. 내 기억이 틀리지 않는다면, 이것은 힙스터의 외양과 행동을 보고 그것이 힙스터임을 간파하는 것도 가능했다는 사실을 시사한다. 부분적인 의미에서 '힙스터'는 다른 누구보다 한 발 앞서 잘 알려지지 않은 것을 이미 알고 있는 태도와 관련이 있었다. 당시의 (마찬가지로 요즘도) 사람들이 말했던 것처럼 힙스터는 '당신보다 더 시대를 앞서 있는' 듯 행동했다. 그러나 나는 그런 말도 1999년 무렵 힙스터의 모습이 여전히 단명하는 네오 비트닉이나 50년대의 힙했던 시절에 대한 향수(염소수염, 입술 바로 밑에 짧게 깎은 조각모양의 수염, 자유분방한 섹스 라이프스타일을 구가하는 사람들이 즐기는 스타일의 누더기 옷)와 연관이 있다고 생각한다. 바로, 잡지 《베플러》*Baffler*가 1990년대의 마케팅 산업이 만들어낸 책략이라는 내용의 냉혹한 논평으로 공격한 문화이다. 베플러의 논평집 《이견을 상품화하라》*Commodify Your Dissent*(1997)를 보면 관련 기록을 찾을 수 있다. 힙스터가 파생된 바를 요약하면, 내 생각엔 초창기의 신생 힙스터들은 아득한 20세기 중엽의 옛 힙스터들을 충분히 보았고, 여기에 90년대를 통틀어 어디에서나 만날 수 있었던 힙한 속물근성에 대한 불평들만까지 합세해 힙스터란 말을 떠올리게 된 것 같다. (1994년 8월 8일 《타임》 표지를 보라) [저자 주]

가난한 푸에르토리코인과 가난한 흑인들과 함께 살았던
우리, 정통 유대교도들인 우리가 체험한 방식에 있었다.
그것은 보다 더 균등한 분배의 체험이었고, 내 부모는 이를
당연하게 받아들이면서, 마음 깊이 새겼다. 나는 그런 점에
과도하게 흥분했고, 또 동시에 위안을 발견했다. 그것은 나의
출신에 좌절하지 않아도 된다는 위안이었다. 그런 정서가
위험하다는 것은 나도 안다. 대학에 들어가 화이트컬러의
직업을 갖는 것으로 가족의 신분을 상승시킨 나의 아버지는
나를 무례하고 지저분하고, 그리고 공영주택을 좋아하는
순진한 아이로 여겼다. 문제는 공영주택으로 인해 인종적,
종교적 갈등이 빚어졌음은 물론, 할아버지가 태어난 시절로
생활수준이 떨어져 가족들의 걱정이 깊어졌다는 것이었다.

        1999년, 북쪽의 힙스터화된 지역에 진입한
것은 곧 내가 실제로 태어난 보스턴 교외지역 주민으로,
즉 자격을 부여받은 백인들 중 자격을 부여받은 한 명의
백인으로 대접받는다는 것을 의미했다. 미국의 모든 사람들과
마찬가지로 이 계층의 사람들은 스스로를 중산층이라고
말하길 좋아하지만, 내가 더는 노동계급이 아닌 아버지에게
줄곧 반박한 것처럼, 우린 어디까지나 부유하기 때문에

뉴튼에 살게 된 것에 불과했다. 당시 전국적인 수입 분배를
보면 중산층의 가구당 수입은 약 5만 달러였다(1999년부터
2009년에 이르는 십년 동안에도 비슷한 수준을 유지했다).
주민의 30퍼센트가 최저수준 이하의 생활을 면치 못 했던
로워 이스트사이드는 2만8천 달러였다. 백인 힙스터들의
사정도 나와 마찬가지였다. 복구된 특권을 만끽하지 않으려면
정말로 독하게 마음을 먹어야 했다. 나는 새로 생긴 카페에서
책을 읽을 생각에 즐거이 리빙턴으로 갔다. 그곳 사람들은
자신들이 보스턴 사람들보다 훨씬 더 근사해 보인다는 말을
들어야 했다. 동시에 바와 부티크가 급격히 생겨났고, 대학
시절 알고 지냈던 친구들은 그 동네에 집을 구할 거라고
말했다. 우리 할머니가 단골로 찾았던 자영업 가게들(래트너
코셔[42] 유제품 식당, 프리드먼 의류점)이 계속해서 사라지고,
클린턴 스트리트 모퉁이의 푸에르토리코 식당인 코키나
프리타[43]와, 그밖에 내 할머니의 유대교 이웃들, 혹은 할머니네
집 건물 맞은편의 사무엘 곰퍼스 하우스의 저소득층 주민들도
살 수 있는 물품들을 팔았던 다른 상점들이 사라져가는
것을 보지 않으려면 아예 장님이 되어야 할 판이었다.
나는 이제껏 그토록 '과도기적인' 동네를 겪어본 적이 없다.
뿐만 아니라 이만한 과도기도 본 적이 없다. 나는 보헤미아를

208

---

42 유대의 율법에 따라 조제한 식품.
43 cocina frita: 스페인어로 '튀김요리가 있는 주방'이란 뜻.

알았다. 나에게 힙스터 동네가 보헤미안 동네가 아니라는 것은 손바닥을 보듯 명백한 사실이었다. 힙스터 동네는 예술가들의 동네가 아니었다. 힙스터 동네엔 예술가들이 없었다. 가끔씩 예술가들이 커피를 마시는 것을 볼 수는 있었지만, 이례적일 정도로 수가 적었다. 사람들은 예술 대신, '상품'에 관여했다. 값비싼 기타, 값비싼 프린트 그림이 들어간 운동화, 값비싼 음식, 값비싼 옷 들을 전시했다. 이런 상품들은 자주 미술 갤러리나 디자이너의 알려지지 않은 아틀리에의 장식들과 기표들과 함께 진열되었지만, 예술적인 제품과 예술적인 풍속은 사라지고 없었다. 중고품 할인 판매점과 자선 가게라고 생각한 가게는 2년 전 필렌즈 백화점에서 산 신상 드레스셔츠보다 비싼 빈티지 옷들을 판매할 목적으로 꾸민 가게였다. 이 비싼 가격은 매장을 찾는 사람들의 사회적 지위가 나보다 훨씬 더 높다는 사실을 보여주는데, 정작 그들에게서 부유한 티가 나지 않는다는 점이 놀라웠다. (언제나 이 거리 수준에 부합한 모습으로 돌아다니는 사람들도 사실은 신용카드 빚에 쪼들리고, 하루 벌어 하루 생계를 유지한다는 사실을 나중에 가서야 알게 되었다.) 또 한 가지 중요한 사실은 힙스터 청년들은 펑크도, 크런치도, DIY도, 록커빌리도, 스카도, 모드도, 하드코어도 아니라는

209

것이었다. 힙스터는 청년 하위문화와 긴밀한 유대를 형성한
게 아니었다. 미국 청년들의 상반된 하위문화의 한쪽에
펑크와 DIY가 놓여 있다면, 다른 쪽엔 스토너[44], 잼 밴드[45],
드레드록, 비건, 그리고 근본적으로 히피의 환경주의적, 반
권위주의적인 전통이 있다. 이 두 개의 평행선이 끝도 없이
서로를 받아들이기 마련인데, 힙스터 청년들에게선 이
중 어느 쪽도 보이지 않았다. 그래서 그들의 취향에 대한
비난이 가해졌는데, 이는 다른 하위문화에선 전례가 없었다.
오죽하면 나는 누구라도 여기 상점들 쇼 윈도우에 돌을 던지면
좋겠다고 생각할 정도였다. 과거에 인근 유대인 거리에선 할인
의류, 양말과 속옷, 남성잡화, 도매 의류, 장식품들을 팔았다.
힙스터 부티크는 히브리어 상호가 갖는 오래된 느낌, 이제는
아이러니하게 다가오는 신호체계를 계속 가지고 가길 원했다.
힙스터 식당이 스페인어로 된 푸에르토리코와 도미니카
식당을 밀어냈으면서도 정작 그 신호체계만큼은 그대로
유지한 것과 마찬가지였다. 나는 어쩐지 이런 것들에 참을
수 없을 정도로 화가 났다. 다른 사람 무덤 위에 레모네이드
가판대를 세우는 것과 마찬가지로 여겨졌다. 더 가관인 건,
힙스터 운영자들이 자신의 식당이나 술집에 이름을 붙이지
않는 것을 하나의 유행으로 만들어 모든 것을 배타적이고

44 stoner: 메탈의 하위 장르로 사이키델릭록, 블루스록, 전통적인 헤비메탈,
둠메탈의 다양한 요소들을 조합했다.
45 1960년대 록밴드인 그레이트풀 데드Grateful Dead의 팬덤에서 출발한
음악 그룹으로, 즉흥연주jams가 특징이다.
46 17세기 셰익스피어 시대 등, 역사적인 한 시대의 분위기를 그대로 재현해
즐기는 축제와 공연. 그 시대의 의상을 걸친 배우들이 쇼를 벌이고, 시장과 마상
경기 등의 각종 게임이 열린다.

쌀쌀맞아 보이게 만드는 것이었다. 평범한 행인이라면 그런 곳에 들어가 맥주 한 잔 할 엄두조차 못 낼 것 같았다.

하위문화는 생산자이자 소비자였고, 초도덕적이고, 라이프스타일을 선호했고, 스스로에게 저항이란 신임장을 부여했다. 그럴 수 있었던 것은 (패션 부티크 무가지인 《바이스》를 읽으며 알게 된 것인데) 하위문화가 느끼는 즐거움이 어쩌면 격렬하고 반관습적이기 때문이었다. 또 당시엔 어리석게도 '정치적으로 올바르지 못한' 것이라 불렸기 때문이다. 이런 것들은 힙스터의 주요한 자기인증 수단이었는데, 이성애자의 남성다움, 고등학생들의 저질 농담, 그리고 무엇보다도 포르노그래피가 그랬다. 1960년대 자유주의자에게 허세적 성애물이 있었다면, 2000년대 힙스터들에겐 허세적 포르노가 있었다. 아, 문신도! 스포츠웨어를 팔고 마케팅하는 것을 정당화할 목적으로 너나 나나 할 것 없이 모두들 소싯적에 펑크/스케이트보딩/ 그라피티를 했었다고 주장했다. 약물 역시 인증의 수단이었지만, 약물은 사실 거의 모든 미국 청년 하위문화가 사랑하는 것이어서 힙스터부터 디제이는 물론, 르네상스 페어[46]의 재간꾼과 젊은 처자도 배제하지 않았다. 힙스터의 초창기를 조망한 최고의 잡지는 《바이스》였는데, 이름의 뜻인 '악덕'이야말로 구매자와 고딕양식을 하나로 뭉뚱그려 동일한 반관습의 카테고리에 집어넣는 힙스터의 덕목이라는 점에서 적확한 이름이었다. 우리가 상상하는, 성적으로 방종하면서 얌전빼는 여자가 부도덕하게 생각할 쾌락을 구매하는 방법을 알려 주겠다. 그렇게 우리의 잡지는 방종한 소년들에게 그들만의 《레드북》[47]을 가질 기회를, 패션 기사 속에서 서로를 바라보는 기회를 선사할 것이다. 이 세계에서 가장 유명한 연재 기획기사는 '좋으냐 나쁘냐'[48]였다. 당시 힙스터가 옷이나 색칠한 스케이트보드, 조니 워커 블루 라벨을 사는데 1천 달러를 썼다면 반란으로 여겨졌을 것이다. 친구들은 나에게 윌리엄스버그와 브룩클린이 당시 힙스터 문화를 꽃피운 곳이고, 보다 보헤미안 친화적인 곳이라면서 가보라고 추천했다. 나는 1999년에서 2000년에, 윌리엄스버그 다리를 걸어서, 그때만 해도 변한 게 없던 남쪽 지역을 지나 베드포드까지 두 번 힘거운 여행을 했다. 베드포드가 믿을 수 없을 만큼 침체된 것을 발견했다. 나 같은 사람에겐 좀비 마을처럼 보였다. 건물들이 맨해튼의 건물보다 훨씬 더 작아진데다, 많이 없어져서 드문드문 남은 곳이 전보다 더 눈에 띄었다. 마치 힙스터들이 고퍼 프레리[49]를 인수하기라도 한 것 같았다.

47 *Redbook*: 미국 여성 잡지의 하나.
48 Dos and Don'ts: 바이스 잡지에서 공공장소에서 일반인의 패션을 사례로 모아 좋은지, 나쁜지 품평한 패션 연재 기사의 타이틀.
49 Gopher Prairie: 미국 소설가 싱클레어 루이스의 1920년도 풍자소설《메인 스트리트》Main Street에 등장하는 보수적이고 퇴행적인 동네로 주인공에게 개혁 의지를 불러 일으키는 동인이 된다.

무엇보다도 내 마음에 상처를 남긴
것은 이런 동네에서 힙스터들의 존재감은 하위문화가
아니라, 민족성ethnicity으로 도드라진다는 사실이었다.
어떻게 설명해야할지 모르겠다. 부득이하지만 힙스터들의
'당파성'이라고 불러야 할 그들의 행위구조와 더불어, 신생
힙스터에 대한 로워 이스트사이드의 불간섭주의 정책—거리의
구획이 하나둘씩 변하더니 어느새 모든 거리가 '변했다'—은
새로운 민족의 도래가 빚어낸 결과 같았다. 힙스터의 비밀유지
전략도 한 몫 했다. 힙스터들은 가게에 이디시어나 스페인어로
간판을 내걸지 않을 경우에는, 부자들만 볼 수 있는 일종의
투명 잉크로 그들의 특화된 성격을 넌지시 알렸다. 힙스터들은
그들 주변 집단들과 이렇다 할 교류를 하지 않았다. 내가 그간
다른 곳에서 보았던 예술가들이 다른 인종이 주로 거주하는
동네에 합류하거나, 통합되거나, '슬럼가'를 방문하거나,
착취하거나, 미화했던 것과는 완전히 달랐다. 나는 내 할머니
집 근방 사람들이 차이나타운을 찾을 때 새로운 방식으로 길을
알려주게 되었다. "우선 푸에르토리코인 구역을 가로지르시고,
그 다음에 힙스터 구역을 가로지르시면 유대인 구역이
나오거든요. 거기만 지나면 그 다음에 차이나타운이 나와요."
힙스터 민족성의 표식은 금세 알아볼 수 있었다. 그들은

'교외지역 백인'으로 코드화되었다. 초창기에 힙스터 미학은 1970년대 교외의 풍속(70년대는 이 힙스터들이 아이였다는 점, 그리고 도시와 반문화 둘 다에게서 등을 돌렸다는 점이 중요하다)과 70년대 아마추어 포르노(교외지역 물밑에서 진행된 것으로 추정되는 은밀한 반란)를 끌어들였다. 리빙턴 스트리트에 위치한 선구적인 '웰컴 투 더 존슨스'[50]처럼 술집들은 화이트 아메리카나를 찾아냈다. '웰컴 투 더 존슨스'는 손님들에게 1970년대 중산층 미국인 가정의 거실에서 마시는 술처럼 편안함을 제공한다고 자랑했다. 여러 모터쇼에서 경품으로 제공할 정도로 미국 전역에 널리 퍼졌던 공짜 야구 모자인 '트럭커 햇'은 펑크의 시기에는 계층 하향의 표시로 가끔씩 쓰거나 동네 밴드들이 썼던 것이었는데, 이즈음 새로운 패션 아이템이 되었다. (그중 하나는 패리스 힐튼의 머리에 안착했다.) 벨트 버클은 남부 스타일로 큼지막해졌다. '와이프비터' 셔츠—동네 거리의 푸에르토리코인과 도미니코인들이 입은 탱크톱 운동복과 똑같지만, 명칭에선 무관했던—가 우아한 유행으로 자리 잡았다. 동네 돼지구이 집, 교회 소프트볼 리그, 미드웨스턴 자동차 특약점의 방침을 프린트해 트럭커 햇 못지않게 유명해진 '아이러니' 티셔츠가 이런 셔츠를 입는 사람들의 어린 시절 장롱에서 나왔다는

214

---

50 Welcome to the Johnsons: 1999년 개업한 뉴욕, 리빙턴 스트리트에 있는 테마 주점. 70년대 풍에, 동네사랑방 같은 안락한 인테리어와 힙스터들이 사랑하는 맥주인 펩스트 블루 리본을 저렴하게 판매하는 것으로 '뉴욕 힙스터의 명소'가 되었다.

51 Fruit of the Loom: 미국의 속옷 브랜드.

사실은 공공연한 비밀이었다. 그런 이들 중엔 (대학을 거쳐) 테네시나 콜로라도, 혹은 위스콘신에서 뉴욕으로 와서, 예술을 하거나 직장을 알아보다가 로워 이스트사이드의 술집에서 일하게 된 미국 중산층 자녀들이 많았다. 하지만 부자들은 거리에서 30달러를 주고 이런 셔츠를 샀다. 여러분 장롱에도 공짜로 받은 이런 셔츠들이 있을 것이다. 이런 식으로 중산층 백인들은 백인과 '반대되는' 문화를 양가적인 의미를 결들여 '아이러니하게' 도시의 생활양식으로 재수입하는데 일조했다. '프루트 오브 더 룸'[51]의 런닝 셔츠들이 백인 할아버지 세대의 강인함을 재현한 것처럼, 백인 중산층이 교외로 이주한 후, 바야흐로 가짜 분노의 에토스도 도시로 회귀했다. 이런 초창기 힙스터의 미학이 의미하는 것은 무엇이었나? 2004년 존 리랜드의 방만한 역사책 《힙》*Hip*을 읽고 나는 어안이 벙벙해졌다. 리랜드는 "백인종 키치의 등장엔 보다 넓고 보다 흥미로운 맥락이 있다"라고 썼다(더 넓다는 것은 결국 1940년대에서 50년대에 이르는 힙스터들의 긴 역사보다 범주가 넓다는 뜻이다). 리랜드의 설명에 따르면 그 맥락은 '미국인 다섯 명 중 하나가 이민자이거나, 외국에서 태어난 부모님을 둔' 시대가 되었을 때, 미국 역사상 가장 다양하고, 다문화적이고, 다계층적이며,

민족성을 마케팅하는 세대와 함께 나타났다.

이런 정신에 입각해, 트럭커햇과 기타 후기 힙한post-hip
장신구들은 다문화적인 세계에서 백인성을 희롱한다.
그들은 백인성을 가시화한다. 그것을 고정하는 흑백의
이분법 없이, 그리고 수적으로 우세해져 굳이 수로
밀어붙이지 않고서도 백인성은 누구나 차지할 수
있는 것이 되었다. 특히 이제 '다수—소수'[52]지역,
즉 백인종이되 히스패닉이 아닌 백인종의 비율이
50퍼센트 미만인 도시에서 백인성은 더 이상 당연시할
출발선이 아니다. 그것은 탐사의 대상, 샛길로 돌아가야
할 대상, 그것의 유효기간에 논의를 해야 할 대상이다.
(……) 백인종의 키치를 위해서. 백인노동자의 록음악,
와이프비터 탱크톱, 동향 리틀리그 티셔츠, 핫도그,
드래그레이스[53], 자동차 파괴경기, 《바이스》잡지를
포함하는 백인종 키치는 백인성을 데이트를 할 때
필요하면 입고, 필요하지 않으면 벗어버릴 수 있는
패션상품으로 포장한다. 후기 힙은 백인성을 다루면서
패션과 엔터테인먼트가 역사적으로 흑인성을
다루었던 것과 같은 방식을 취한다. 후기 힙은 인종적

216

52 majority-minority: 미국의 주나 관할구 중에서 히스패닉 계열이 아닌
백인종이 50퍼센트 미만인 경우를 의미하는 용어.
53 특수 개조된 자동차로 400미터 정도의 짧은 거리를 달리는 경주

긍지가 아니라 물음표들의 발로에서 백인종의
정체성을 휘두른다. 백인성이 그 사람을 규정하는
것이 아니라, 그 사람이 백인성을 규정한다. 따라서
백인 패션을 입기 위해 백인이 될 필요는 없다.

이 글을 읽고 나는 미국이란 나라가
히키코모리들의 나라처럼 느껴졌다. 백인 패션을 입기
위해 백인이 될 필요가 없다고? 맞는 말이지만, 로워
이스트사이드에서 내가 지금까지 본 사람들 중 백인 패션을
한 사람들은 전부가 백인들이었다. 예외적으로 몇몇
아시아 힙스터들이 있긴 했지만, 그들도 사실은 일본과
한국에 사는 최상위층으로 힙스터 브랜드를 구매하는
젊은이들이었다. 내가 본 백인 키치에 준하는 미국 흑인들은
대개 티브이의 유명인들이나 의류 카탈로그의 모델들이었다.

내가 그보다 더 걱정하는 것은 인구변화의
문제로, 90년대와 2000년대에 부유층 백인들이 대도시로
되돌아오면서, 그와 더불어 빈곤의 교외화가 생겼다. 제2차
세계대전 이후의 시기를 생각해보면, 교외화와 '도시 리뉴얼'과
'백인 이동'으로 나타난 도심 재원 고갈에 대해 생각하게

된다. 1977년 뉴욕에서 발발한 약탈과 폭력 사건에 대해
흔히들 하는 말을 들어보니, 아닌 게 아니라 1975년 뉴욕은
거의 파산 지경에 이르렀고 폭동이 일어난 동네에서 경제적
기회와 사회 복지사업은 한계에 이르렀었다. 우리 시대의
역 현상—흑인과 소수민족의 중산층을 포함해 계층 상승을
꾀하는 중산층 다수가 교외로 이주하는 것처럼 보였던 수십
년의 세월이 흐른 후—이 보여주는 건 자본이 다시 중심을
향해 되돌아갔다는 사실이다. 신자유주의가 금융자본을 상위
계층에 재분배한 것과 90년대와 2000년대의 월스트리트
버블을 보면 정확한 지적이다. 살던 곳에서 내몰려 교외
주택으로 옮겨간 일반 대중은, 과거 어마어마한 금융 이윤을
안겨주던 부동산 거품이 붕괴하자 특히 더 큰 타격을
받았다(정작 미국 정부는 금융업자들에 대해선 단 한 푼의
벌금도 부과하지 않았고, 보석 석방 조처를 내렸다). 티브이를
통해 도시가 '재탄생'하는 과정을 지켜본 사람들에게 다소
놀라운 사실은 미국 정부가 제시한 통계대로 미국의 빈곤화가
2000년부터 상승했다는 것이다. 교외 지역 빈곤층 가구의
전체 수는 이제 그 교외 지역 사람들이 출근하며, 국가의 전체
빈곤층 대다수가 살고있는 도시의 빈곤층 수를 넘어선다.[54]

특히 글로벌 도시(뉴욕, 파리, 뭄바이, 런던, 베이징) 안에서

54 2010년, 이런 개발이 광범위하게 보고되었으나, 전환점이 된 건 2000년대의
초중반기에 일어난 것 같다. 엘리자베스 키본Elizabeth Kneebone, 에밀리 카Emily
Garr의 공저《빈곤의 교외화: 2000년부터 2008년에 이르는 미국 대도시의 트렌드》
*The Suburbanization of Poverty: Trends in Metropolitan America, 2000 to
2008*를 참고할 것. [저자 주]

과거만 해도 부유한 사람들이 관심을 보인 적이 한 번도
없던 지역들이―도심부(로워 이스트사이드)의 주변부나,
아니면 자치도시 부근의 떠오르는 베드타운이나 통근
지역(윌리엄스버그, 덤보)의 경우, 수많은 하인, 노동자,
직원, 소매상인, 이민자들을 수용할 필요가 있기 때문에―
자본력을 갖춘 부지로 집중조명을 받게 되었고, 새로운 레저,
엔터테인먼트, 그리고 부유한 사람들의 (부지를 가리지 않고
'럭셔리 콘도'를 지을 수 있고, 협소한 집들을 허물어 훨씬
더 넓은 공간을 확보할 수 있는) 거주지로 평가받게 되었다.
산업적이고 프롤레타리아적인 건축의 요소는 노동계급에
호의와 향수를 느끼는 지식인과 용의주도하게 결탁한 끝에
더없이 매혹적으로 보이게 되었다. 가장 부유한 이들은
상대적으로 빈곤한 계층을 밀어내고 그 자리를 차지하거나,
사회학자 장 피에르 가르니에Jean-Pierre Garnier가 '프티 브루주아
지식인의 열등한 비주류'라고 명명한 이들을 빈민지역으로
내몬다. 홍보담당자, 자유기고가, 교사, 교수, 사회복지사,
작가 등 교육을 많이 받은 사람들은 힙한 문화에 대한 심리적
투자를 발판 삼아 실질적 자본이 부족한 자신들의 한계를
보완한다. 이들은 교육 받은 계층 가운데 중간치에 해당하는
219 이들로, 기어코 노동계급의 자리를 밀쳐냈고 그들이 살던

공동주택을 차지한 후, 그 외관을 자신들의 취향에 맞게 고쳤다. 초창기 백인 힙스터들의 섬뜩한 점은 그들이 의복, 스타일, 음악, 태도를 통해 백인성이 압도적으로 복귀하고 있음을 상징적으로 표명했다는 사실이다. 그들은 무의식적으로 자신이 속해 있는 구조적 조건에 맞게 옷을 입었다. 왜냐하면 그런 것들이 갑자기 쿨하게 여겨졌기 때문이었다. 그리고 백인 민족성의 표식이나 감성을 취함으로써 보헤미안적 통합보다는 하위 문화적인 분리나 분열에 관계하는 것이 자연스럽다고 느꼈다. 윌리엄스버그의 북쪽 지역에서처럼 과거엔 전적으로 민족적이었던 동네를 식민화했을 때, 심지어 그들이 압력을 가하던 사람들이 폴란드인이었을 때도 마찬가지였다.

이 책 초반에 쓴 글에서 나는 제2차 세계대전 이후의 힙스터들을 가장 잘 해부한 글로 아나톨 브로야드가 1948년에 흑인 힙스터들에 대해 쓴 글을 꼽았다. 몇몇 역사학자들이 그 글을 언급하긴 했지만 널리 알려져 있는 정도는 아니다. 브로야드는 의식적이고 속물 근성까지 있는 힙스터의 스타일이 경쟁관계에 있는 백인 지배체제에 가공의 독립적인 권력의 기반을 마련해준다고 보았다. 흑인 힙스터는 아무도 갖지 못하는 특별하고 탁월한 진리를 갖고 있는 척 했다.

동일한 사실이나 추상적 지식—백인들이 지닌 실증적 지식에
견줄 수 있는—이 있어도 같을 수는 없었다. 우리는 40년대에
이런 전반적인 분위기가 고스란히 비밥에 녹아들었음을 잘
안다. 비밥은 진정한 예술이자 기술이었고, 너무나 빠르고
너무나 복잡하고 너무나 하위문화적이어서 백인들은 도저히
훔칠 수가 없었다(백인들은 핫재즈와 빅밴드, 스윙을 차례로
빼앗아 갔고 흑인 재즈뮤지션들은 짐 크로우 시대의 원칙을
고수하는 공연장에서 백인 뮤지션과 동등한 자격으로 연주할
수 없었다). 이제는 잊혀진 흑인 힙스터의 초창기 스타일의
단서들은 백인의 세계를 (말하자면) 은밀히 들여다보고자
백인의 지식을 흑인성 안으로 끌어들이는 권력을 나타낸 것
같다. 브로야드는 이렇게 말했다. "(힙스터는) 자신의 머리에
파우더로 하얀 색 줄을 표시했다. 이는 자신들이 중요하고
예언자적인 돌연변이임을 외적으로 드러낸 표시였다. 그는 또,
보통 조명도 견디지 못 하는 예민한 시력 때문에 선글라스를
썼다." 그러나 고급문화를 재전유한 사람이자 백인 지식을
요구한 브로야드는 랠프 엘리슨이 만들어낸 모델에 대해서
(유독 스타일의 단서가 갖는 권력에) 비관적이있다. 또
브로야드는 흑인 힙스터를 이해하지 못 한 외부자들이 언제고
밀고 들어가 흑인 힙스터를 생포해 전시하리라는 것을 더없이

분명하게 보았다. 그래서 그는 "(외부자들이) 돈을 주고 흑인 힙스터를 산 다음, 동물원에 가두었다"고 냉랭하게 선언했다. 유일한 해결책은 진정한 의미에서 프로메테우스적인 도적질뿐이었다. 다시 말해, 원래는 미국 흑인들의 도움을 받은 백인들에게서 다시 문화를 훔쳐오는 것뿐이었다. 물론 1957년 노먼 메일러는 백인 힙스터가 흑인의 섹시함, 천연덕스러움, 자연스러움 등을 빌어 백인의 경직성에서 탈피한다는 내용의 포용적인 선언문인 《하얀 흑인》을 출간할 수 있었다. 메일러의 책에 대한 논평은 이제껏 충분했고, 거기에 한 마디를 더 보탤 생각은 없다. 다만, 어떤 글에서도 지적하지 못한 한 가지가 《파르티잔 리뷰》*Partisan Review*의 편집자에게 보낸 서신에 실렸다. 때는 1948년, 브로야드의 글이 세상에 선보인지 3개월 후였다. 이 편지의 저자는 재즈 클럽에 가고, 뭐가 재미있는지 알고자 뛰어드는 백인들을 위한 힙스터 씬에 대해 브로야드가 지나치게 진지하고 과도하게 지적으로 접근해 맥 빠지게 하고 있다고 비판했다. 이야말로 아전인수라 하지 않을 수 없다. 모든 (문화의) 발생을 처음부터 '백인의 것'으로 만들어 놓고, 모든 것은 스타일이고 스타일은 무의미하다고 주장하고 있으니 말이다. 편지의 저자는 말한다.

"힙하게 멋진 남자들을 많이 볼 수 있다. 수많은 유대계 소년들

223

+ 노먼 메일러.

말이다. (미국 흑인들이 머리에) 하얀 줄을 표시하는 것은
전적으로 연극적인 제스처이며 수많은 금발머리 힙스터들이
옆통수께 머리칼을 파랗게 염색하는 것과 같다."[55]

힙스터와 같은 현상을 분석할 때마다,
누구건 그 안에 담긴 의미를 부정하게 될 것이다. 특히
《파르티잔 리뷰》에 서신을 기고한 백인 저자와 이 에세이에
대해 호전적으로 반응할 몇몇 독자들이 그럴 것 같다. 그런
사람들 중에는 자주 아무 것도 의미하지 않는 이런 행동에
투자를 하는 사람도 있다. 진지한 조사나 자기 반성 없이도
이런 일은 할 수 있기 때문이다. 내가 트럭커 햇, 팹스트 블루
리본, 벨트 버클처럼 백인 힙스터 시기의 산물을 지나치게
중요하게 다룬다면 과잉 독해의 문제이지 방증할 문제는
아니라는 반론이 나올 것이다. 그런 이유로 1999년부터
2003년에 이르는 힙스터의 시기와 우익적 태도들의 핵심
역할을 한 요소들 간의 연관성에 대해 무미건조하지만 사실에
근거한 이슈를 다시 한 번 제기할 가치가 있는 것 같다.
2003년,《바이스》잡지, 특히《바이스》의 달변가 편집자인
개빈 매키니스와 믿기 힘든 종류의 인종적 태도 사이의
끈질긴 관계에 대해 보도한 것은《뉴욕 타임즈》였다.

---

55 '마일즈 템플러' Miles Templar라는 제목과 연관해 생각할 때, 과연 그것이
농담일 수 있을까 늘 생각했었다. 그러나 백인 힙스터들에 대한 대단히, 다분히
냉소적이고, 전례를 찾아볼 수 없는 농담으로, 다른 추가글에서는 암시조차 없다.
[저자 주]

《바이스》는 언제나 페미니스트와 게이를 상대로 호전적인 농담을 했고, 모멸적인 명칭을 붙였다. 《타임즈》의 바네사 그리고리아다스는 그런 태도의 진실을 파헤쳤고, 이 농담들이 진담이라고 결론을 내렸다. 그리고리아다스는 매키니스를 인용했다. "사랑은 하얗고, 나는 그것이 정말로 자랑스럽다고 생각한다. (……) 나는 우리네 문화가 묽어지는 일은 없기를 바란다. 우리는 이제 경계를 확실히 긋고, 모두 영어를 쓰는 서구 백인들의 생활양식을 흡수해야 한다."

그런 후 그리고리아다스는 팻 뷰캐넌이 《미국의 보수들》*American Conservative*을 출간하자 《바이스》가 젊은 세대로 하여금 1960년대의 자유주의자들의 어리석은 행동에서 확실히 등을 돌리는데 일조했다는 논조로 매키니스가 기고한 에세이를 언급한다. 농담이었을까? 그러나 《바이스》는 그런 후, 그들의 에토스에 입각해 훨씬 더 괴이한 기사를 실었고, 그 기사에서 그들 자신이 '신보수주의'라고 명명한 세대와 잡지에 등장한 패션과 하등 차이가 없는 패션을 결합시켰다. 《바이스》의 태도가 진정 무엇이었건 간에, 그보다 한 해 앞서 《바이스》의 매키니스와 또 다른 편집자인 수루쉬 알비가 《뉴욕 프레스》와의

인터뷰에서 위악 없이 성실한 면을 드러낸 것을 보면
그들의 본질적인 착란과 오류를 감지할 수 있을 것이다.

인터뷰어: 동성애와 인종에 대한《바이스》의
접근방식은 전통적으로 펑크록적이 아닌데요.

개빈 매키니스: 그 문제에 관한 한 펑크록적인 성향은
그냥 뻔한 정직성에 지나지 않죠. 우리는 호모들과
깜둥이들이랑 지나칠 정도로 많이 놀아서 정말로
인종주의자에 동성애혐오자들인 것처럼 보여요.
그 두 가지 말이 아예 우리의 별명이 된 거죠.

수루쉬 알비: 또 1994년에 많은 잡지들이 커밍아웃을
하면서 북아메리카에 정치적 올바름이 압도적으로
넘쳐났습니다. 특히 우리를 배출한 학습 환경에서
나왔어요. 그러니 우리는 그에 맞서게 된 거죠.

개빈 매키니스: 우리로선 자연스럽게 다가온 것을
글로 쓴 건데 그것 때문에 사람들이 불쾌해 한 후에야
우리는 비로소 열 받았던 것 같아요. 그 글은 우리가

애기했던 것과 하등 다를 바 없거든요. 우리 세대가
히피 세대에 어느 정도까지 세뇌되었는지를 생각하면
놀라지 않을 수 없어요. 사랑을 지지하고, 다양성을
지지하고, 관용을 사랑하고, 바로 히피 스타일의 가방
같은 거예요. 사람들이 깜둥이에 대해 애기하는 걸
듣고 싶어서 흑인들과 어울리죠. 흑인들은 가차 없어요.
반유대주의에 대해 하는 애길 듣고 싶어서 유대인 몇
명이랑 어울리죠. 수로시가 패씸한 파키스탄 사람에
대해 이야기하는 걸 들어보셔야 돼요. 귀가 아플
정도에요. 전 가령 KKK같은 인종주의자들이 깜둥이나
호모들에 대해 할 수 있는 말이 단 한 마디도 없다고
생각해요. 그 사람들은 아무 것도 모르거든요. KKK가
이렇게 말할 수 있을까요? '재수 없는 드랙퀸들 때문에
짜증이 나 죽겠어. 자뻑이 이만저만 심한 게 아니잖아?
이런 패션, 저런 패션도 짜증 나. 단 1초라도 좋으니
정치 애기 좀 하면 안 되겠니, 이 개 같은 트랜스야?' 못
해요. 그 방면에선 우리가 제일 입을 많이 놀린답니다.

　　　여러분도 오류를 눈치 챘을 것이다. 게이와
유대인에게 포용적인 산업이 '입을 많이 놀린'다는 건 게이와

유대인을 호모니, 탐욕스러운 유대인 돼지새끼들이라고
생각하는 이들을 옳다고 생각하는 것과는 무관하다. 인터뷰
말미에 가서야 매키니스를 궁극적으로 비판하는 글이 한
줄 등장하는데, 《바이스》가 포스트 칼리지 워너비[56]로
득시글대는 윌리엄스버그에서 사무실을 유지할 수 있는
방법에 대해 물었을 때다. "그 사람들은 깜둥이 새끼나
푸에르토리코인들이 아니잖아요. 최소한 백인이거든요." 나는
맥키니스가 가십 웹사이트 고커닷컴에 불만을 토로했을
때 어렴풋이나마 말이 된다고 생각했다. 맥키니스는 이런
대화의 면면이 농담이고, 공공연한 스턴트이며, 특히나
《뉴욕 타임즈》를 추문에 시달리게 하려는 의도가 있었는데,
고커닷컴 역시 그런 그에게 동조해주리라 기대했다고 했다.
그러나 농담의 관건은 그것이 사람들이 사회적으로 친숙한
것의 경계에 다다를 때 어떤 심리적 특성을 띠게 되는지,
또 그들이 유희의 도구로 삼는 것은 무엇인지를 보여주는
것이다. 스스로 공언한 성 이데올로기이자, 다양한 유형(때론
급진적이고 때로는 결벽증적 테크노크라시에 반대되는
개념으로 '좌파 보수주의적'이지만, 본질적으로 관능적이고,
육체적이고, 휘트먼적인 것들에 언제나 민감한 남자)의 좌파인
노먼 메일러는 추문을 일으키려는 어떤 노력에도 불구하고

228

---

56 Post-collegiate wannabes: 대학을 졸업한 후 다시 대학으로 되돌아가길
희망하는 사람들.
57 메일러 역시 유대인이었고, 유대인을 순수 백인으로 여기지 않았던
때였음에도 그는 브룩클린의 게토에서 하버드 대학의 남자 동창생들의
문학적인 삶의 네트워크로 계층 상승을 경험했다. 그런 경험은 유대인들에겐
이례적이면서도, 가능해진지 얼마 안 되었던 때였다. 이력이 무르익었을 때
외설적이며 '절대적으로 중요한' 것을 포용하기 위해 자신의 노선을 탈피했다.
이렇게 그는 20세기 중엽부터 지금까지 통용되는 모순된 계층과 인종적 위치에

결국은 흑백 혼혈로 기울어질 수밖에 없었다. 메일러는 자신과 다른 존재를 칭찬하고, 그 존재에 자신을 경계 지운 백인성을 뒤섞는 방식으로 백인성에서 이탈하고자 했다.[57] 메일러가《하얀 흑인》를 쓴 것이 바보짓이었다면―메일러는 십년 후《밤의 군대》에서 밝히길《하얀 흑인》이후, 자신의 흑인 친구들에게서 바보 짓했다는 말을 들었다고 밝혔다―적어도 그는 인종적이고 계층적인 경계에 대한 위반을 칠칠치 못하게 옹호한 바보였다. 그와 대조적으로, '백인 힙스터'의 상상에 속하는 무언가가 백인이어야만 하는 부유한 백인들을 옹호하는 쪽으로 간단없이 기울었다. 힙스터들은 그들 자신의 민족성(물론 '스웨덴의 날'이나 '성 패트릭의 날' 아니면 '산 제나로 축제'의 근저에 있는 유럽의 국가언어적 민족성과는 관계가 없다)을 형성하는 것으로 백인의 식민화와 분리를 합리화했다. 힙스터들은 자신들이 도매금으로 넘어갔다고 생각하기 싫어서 이런 술법을 부렸다.

즉 그들이 식민화했을지 모르는 푸에르토리코인이나 흑인, 아니면 유대인이나 폴란드인들, 아니면 하다못해 돈이 없는 사람들에 대해 도덕적인 의무를 갖거나, 연고가 생긴다는 것을 의미했을 것이다.

229

대한 흥미로운 시금석을 제공했고, 또, 그런 사례의 상당 부분을 우연치 않게도 (당시 유대인들이 대부분을 차지하던) 로워 이스트사이드에서 관망했다. [저자 주]

나는 이 초창기 힙스터의 문화가 백인성에 대한 공격적 물신화의 측면에서 더는 존재하지 않는다는 것을 안다. 2003년에 이르러 끝이 났다는 것을 여러분도 감지했을 것이다. 운동화 가게의 약탈사건은 편리한 상징이지만, 인근 동네들의 반응보다도 정작 로워 이스트사이드가 점점 바람 빠지는 타이어처럼 창조적인 에너지를 상실해가는 것으로 느껴졌다. 그럼에도 힙스터들은 확실히 상이한 표식과 습성으로 끈질기게 버텼고, 인근 동네로, 그 다음엔 티브이와 인터넷의 도움으로 보다 넓은 범위로 재편성하였다.
곤혹스러운 사실은 2004년부터 2009년에 이르는 기간 동안의 힙스터들이 어땠는지 나로서는 요령부득이라는 것이다. 나의 이런 무지는 노화 탓이다. 말 그대로, 내가 늙었기 때문이다. 나는 서른이 되었다. 서른은 인생행로 내내 하위문화를 멀리 하고 살 수 있는 일종의 전기가 흐르는 담장같은 표식으로 적합한 나이인 것 같다. 60년대는 서른 넘은 사람은 어느 누구도 믿어선 안 된다는 말이 유행하곤 했다. 나는 예전과 다를 바 없는 로워 이스트사이드의 거리를 걸으면서 여전히 힙스터들을 가려낼 수 있다. 다만 그들을 보면서도 예전같은 수준으로 세세한 특징들을 포착할 수는 없고, 새로운 패션은 이해하지 못할 뿐이다.

그 이유를 짐작하기 어려운 건 아니지만, 그렇다고 우쭐한 기분이 들지는 않는다. 아무래도 나와 내 또래 친구들은 힙스터주의에 투자해서 얻을 수 있는 보상적인 이익을 잃어가고 있기 때문이다. 힙스터주의의 코드를 아는 것으로 얻는 게 없다면 그들을 지켜보거나 그들을 이해하기 위해 투자하는 행위를 그만두는 것은 당연한 일이다. 하위문화가 시작되고 끝나는 연령대를 생각해보라. 하위문화의 본질은 구별짓기에 있다. 구별은 차이에 대한 불가피한 경험에 긍정적인 태도를 심어줄 수 있다. 철학적으로, 혹은 이데올로기적으로 주류에서 비켜 서 있거나 여러 가지 이유로 지배적 주류 사회의 경쟁체제 안에서 장애를 겪을 때 사람들은 하위문화에 합류하기로 결심할 수 있다. 열네 살부터 열여덟 살이라면 고등학교에서 그런 형태의 구별이 얼마나 막강한 힘을 발휘할 수 있는지를 쉽게 이해할 것이다. 다른 어떤 근거도 아닌 단체 결속력에 있어서 열등한 입지가 유리한 입지가 된다. 축구팀에서 탈락한 낙오자가 스케이터가 된다. 범생이가 게이머가 된다. 좌파가 펑크가 된다. 막무가내 권위가 지배하는 모든 종류의 섬뜩한 전체주의적 제도에 얽매인 개인은 상호

231 방어와 존중을 위한 집단을 결성하고, 그런 후에 집단 내

경쟁구도와 위계에 관여한다. 그 집단은 대학 내에서도, 각
제도의 특정한 구조에 의존해 많건 적건 공고히 유지된다.[58]
그러나 스물두 살의 야심 찬 대학 졸업자가 대도시를 여행할 때,
하위문화는 새로운 역할을 떠맡을 수 있다. 많은 이들이 대학가
도시들은 물론, 고등학교 근방 도시에서까지도 난데없는
계층하락을 경험한다. 높은 사회적 지위를 누리던 젊은 대학
졸업자들은 갑자기 수입과 입지를 박탈당한 채 대학 위계에
무심한 도시에 있게 된다. 부르디외가 문화자본이라 명명한
어마어마한 자산을 여전히 비축하고 있는 이들은 사소한
구별과 역사를 배우고, 문화 코드를 발견하고 탐사할 수 있도록
그들이 받은 대학 교육을 활성화할 기회를 기다린다. 하지만,
그들은 현재 자기계층에 준하는 실제 자본과 배경의 우월함을
일시적으로 상실한 상태이다. 특정한 종류의 하위문화는
또래집단 가운데에서 문화자본을 재동원해, '더 빈곤한' 도시
구조 안에서 특화(구별)되고, 계층하락에 저항하게 해 준다.
따라서 '모든 힙스터들은 부자다' 라는 (문자 그대로 사실은
아닌) 말이 갖는 의미는 이렇게 풀이된다. 앞서 말한 형태의
신분 경쟁을 선택하고 추구할 경제력을 갖춘 젊은 세대는
비록 일시적으로 빈곤한 수입에 시달릴지는 몰라도, 적어도
232   (대학 학위로 이어지는) 중요한 교육투자의 수령인이었고,

---

58 소규모의 고등교육기관의 학생들은 이미 목표를 공유하는 높은 사회적 위치에
소속된 (배경이나 포부에 있어서) 단일하고 일관된 계급의 층위를 반영할 공산이
높고, 그만큼 하위문화에 의해 근소한 차별을 경험한다. 대규모 교육기관이
그리스 체제처럼 주류적 구조를 조직하는 것으로 하위단체의 임무가 지속되는
것을 제외하면 보다 광범위한 계층이 포함된 대규모 교육기관은 보다 완고한
하위문화를 조장할 것이다. [저자 주]

그들 부모의 계급 지위(든든한 중산층) 덕에 얼마간 안전한 생활을 영위할 공산이 큰 경우가 많다는 것이다. 조만간 그들은 잠시 살던 전보다 더 가난하고, 집세가 싼 동네를 벗어 나와 계층적으로 상승할 확률이 높다. 하위중산층 배경을 벗어나 도시로 이주한 야심찬 사람들에 관해서라면, 힙스터 양식은 계층 상승을 위한 문화적인 노력에 있어서 가치 있는 구별을 균등하게 제공한다. 즉 그들은 미래에 우월한 입지를 보장할 새로운 취미를 갖게 된다. 또 자신과 같은 계층 사람들에 비해 우월한 입지를 갖게 된다. 술집을 관리하게 될 수도 있지만 힙한 옷을 입고 술집을 관리한다면 밤 문화의 특정한 무리에 결속될 것이고, 버튼다운 셔츠 차림으로 보드카 토닉을 주문하는 채권거래소의 낙오자보다 (수입 면에서가 아니라면) 문화적으로라도 늘 우세한 입지를 누릴 것이다.

서른 살의 의미? 스물둘, 스물셋에 몇몇 비영리단체에서 인턴으로 일하며 사회적 지위의 추락을 경험한 도시의 대학 졸업자 대다수는 화이트칼라의 전통적 직종에 재진입해서 애초의 계층적 지위를 회복하는 것이 더 우월한 경제적 순리임을 배우게 된다. 이러니 모든 마이크로 세대가 정장 차림의 부자들을 비웃으면서도

남몰래 로스쿨에 응시한다는 사실이 놀라울 뿐이다. 이들이
일단 법학 학위를 받아 로펌에 들어가면, 아니면 보다
일반적인 경우 수많은 대학졸업자들이 5년에서 8년 사이에
중산층이나 상위 중산층 수준의 연봉을 받는 직업(이런 이들은
처음부터 계속 같은 일을 했을지 모르지만, 옷 만큼은
유행을 따랐을 것이다)을 택해 승진을 하면, 그들은 수입과
계층 권력의 전통적인 장에서 경쟁하고 대도시의 이득을
이용할 수단을 얻게 되는 것이다. 그들은 더 비싸고 더 높은
계층에 속한 주류 문화 구별 수단(유럽산 자동차, 별
네 개짜리 식당, 주택 마련 대출)을 차지한다.

　　　　　　2004년부터 2009년에 이르는 힙스터들에
대해선 까막눈인 내가 봐도 두드러지는 몇 가지 사실이 있다.
바로, 음악과 더불어 힙스터 음악에서 중요하게 여겨지는
특정한 양상들이 불쑥 되돌아왔다는 것이다. 초반에 이미
얘기했지만 '백인 힙스터들'은 음악적 소양이 짜증이 날 정도로
부족하지만, 그들이 결성한 밴드들은 전 세대의 백인 록음악을
혼성화하는 데 성공했다. 화이트 스트라이프스와 스트록스
같은 밴드들이 이에 포함된다.[59] 힙스터들이 2004년 이후로
들는, 남다른 분위기의 음악을 하는 몇몇 주요 밴드엔 그리즐리

234

---

59 '화이트' 스트라이프스: 잭 '화이트'(화이트스트라이프스의 남성 멤버)라고
말하고 싶어 좀이 쑤시는 사람도 있을 것이다. 클래식 록 친화적인 블루스의 이런
미학은 블랙 키즈Black Keys라는 이름의 동세대 밴드도 추구한 바다. 오리지널이
결코 되돌아올 수 없겠지만(참조. 에이미 와인하우스), 화이트 스트라이프스와
블랙 키즈 둘 다 적절한 인종 교차적 혼성화cross-racial pastiche는 얼마든지
받아들일 수 있다는 것을 보여 주었다는 점에서 유쾌했다. 늘 그렇지만,
윤리적으로 드는 의문은 이런 인종 교차가 협력인가 아니면 합병인가 하는 것이다.
나는 협력이라고 보고 싶다. (이런 이유로 나는 에이미 와인하우스의 음악을, 또

베어Grizzly Bear, 팬더 베어Panda Bear, 디어헌터Deerhunter, 플릿 폭시즈Fleet Foxes, 디파트먼트 오브 이글스Department of Eagles, 울프 퍼레이드Wolf Parade, 밴드 오브 호시즈Band of Horses를 비롯해, 후발 세대로 이들을 앞지른 애니멀 콜렉티브Animal Collective가 있다. 그들의 뮤직비디오를 보면서 나는 사이키델리아를 곁들인 유쾌하고 방종한 파티에 온 것 같은 분위기를 만끽한다. 동물의 울음소리와 비치 보이스Beach Boys의 아름다운 하모니를 듣고 아름답고 널찍하고 순종적인 자연 속 야생의 해변과 숲에서 지역화가 불가능한 전원의 보루를 본다. 또 이런 밴드들의 절대 다수가 마스크를 쓰거나 플러시 천으로 된 동물 의상을 입고 있는 것 같다. 팝 컬처의 일시적 변덕이었는지도 모르지만, 2004년 이후 남녀를 불문하고 플란넬 패션이 복귀한 적이 있었다. 마구간과 사냥터를 방문한 시골 대지주의 딸이나 되는 양, 여자들은 카우보이 부츠를 신었고, 그런 다음 어두운 초록 색 계열의 웰링턴 부츠를 신었다. 스카프가 불필요하게 넘쳐나서 (모직 스커트의 경우는) 추운 삼림지의 밤과 (카피에의 경우는) 사막의 야영지를 떠올리게 했다. 그런 후 메리 케이트 올슨[60]이 식인종 포카혼타스라도 된 건지, 보이는 사람 팔 하나는 족히

235 뜯어 먹을 것처럼 굶주린 표정으로 여봐란 듯이 머리에 쓰고

와인하우스가 잭 화이트가 아닌 미국 흑인이나 영국 흑인 뮤지션들과 파트너십을 맺은 사실을 보다 편하게 받아들인다.) 또 교차혼성화가 존 롤스가 분배의 공정 이론에서 말한 '차이 원칙'을 모방하면서, 지배자의 문화에 다시금 새롭게 접근함으로써 부수적 백인혼성자들에게 이득을 주기 전에, 우선적으로 흑인 뮤지션들과 그들의 음악에 이득을 줄 지에 의문이 생길 수도 있다. [저자 주]
60 미국의 여배우, 프로듀서, 작가, 패션 디자이너로 상둥이 자매 애슐리 올슨과 함께 티브이 시리즈를 통해 유명해졌다. 열일곱 살에 거식증에 걸린 것이 타블로이드 신문의 표적이 되기도 했다.

다니면서 스카프는 반다나[61]가 되었다. 잠깐이긴 했지만 빨간 색과 검정색 체크무늬 헌팅 재킷도 다시 유행했다. 이러니 밖에서 보면 2004년 이후의 힙스터들이 음악과 스타일 양쪽 면에서 애니멀 프리미티즘animal primitivism을 끌어들였다고 생각해도 무리는 아닐 것 같다. 다른 단서에 근거해 보면 과학기술의 축소로 생각할 만도 하다. 가장 어린 세대의 하위문화는 인터넷은 편리하지만 폐가 될 수도 있다는 것을 아는 것 같다. 80년대 기술적 진보주의자로 탄생한 아이들은 상대적으로 이른 세대로, 구세주 인터넷을 섬기는 물신숭배의 예언자이자 홍보가로 자신을 재정비한 대학졸업자들 따위는 무시하고, 장기적인 안목에서 자신들의 타고난 권리를 조망한 것 같다. 인터넷을 당연한 권리로 여겼던 그들은 바야흐로 인터넷이 삶에 철두철미하게 침투하자, 다른 방면에서 보상의 의미로 축소시키는 쪽을 지향하게 되었다. 내로라하는 진보적 힙스터 청년들이 갑자기 자기들 자전거에서 기어를 없애 버렸다. 시디 판매가 하락하면서 이십 년 만에 처음으로 LP의 판매가 늘었다. 아무래도 하드 디스크에 3천 곡의 노래를 다운로드한 아이들이 사들인 것 같았다. 단순한 메커니즘과, 수리하기가 편하다는 점에서 바야흐로 픽시 자전거는 스키니진과 함께 힙한 도시의

236

---

61 bandana: 힌두어로 '홀치기 염색'을 뜻한다. 여기서는 다양한 패턴으로 염색된 목면 손수건을 의미한다.

＋ 스키니진과 픽시바이크.

청춘들을 표시하는 최고의 아이템으로 자리잡았다.

애니멀 프리미티즘과 픽시 자전거가 소비와 폐기, 자원 고갈, 환경 재해, 인터넷 메시아주의의 우매함이 무한정 계속되는 세계를 탈피할 정신을 대변할지는 두고 볼 일이다. 우리가 얕보는 힙스터들은 어쩌면 보다 깊은 철학적 사유와 풍속을 가진 하위문화들 중 지각능력이 제일 떨어지고, 소비주의는 제일 심한 극소수의 사람들일지 모른다. 내 바람은 그렇다. 2004년 이후에 윌리엄스버그가 어떻게 변했는지 알면 좋겠다. 지금의 나로선 과거엔 힙스터였으나 이젠 자녀가 딸린 여피들의 터전으로 퇴락한 후, 기특하게도 엄마로봇과 문신을 한 늙은 아빠들을 조용한 브룩클린 하이츠나 클린턴이나 파크 슬로프로 내쫓은 스물서너 살에 자전거를 직접 수리하는 힙스터들로 새로 채워진 동네란 생각밖에 들지 않으니 말이다. 하지만 로워 이스트사이드가 어떻게 되었는지에 대해서라면 얼마든지 증언할 수 있다. 로워 이스트사이드엔 더 큰 자본이 유입되었다. 힙스터의 핵심 지역은 매우 빨리 자본주의의 복제 단계에 진입했다. 즉, 진정성이 있기 때문에 사랑 받았던 원본이 같은 지역 안에서 파괴되거나 터무니없이 비싼 가격에 팔리면서, 결국 주류의 혼성품이 더욱 폭넓은 사랑을 받고 더 비싼 가격에 더 큰 이윤을 창출하는 포스트모던한

개발의 양상 속으로 진입하게 되었다. 예를 들면, 율법을
따르는 음식을 팔며 근 한 세기 동안 존재했던 라트너 식당이
2002년 문을 닫은 지 1년 후, 북쪽으로 한 블록 떨어진 곳에
식당제작자 키이스 맥넬리가 '실러즈'란 식당을 개업했다.
외관은 그 동네에 있을 법한 오래 된 분위기를 복제하긴 했지만,
정작 식당에서 판 건 나쵸였다. 그와 발맞추어 고층건물과
고급주택들이 들어서기 시작했다. 전혀 어울리지 않는 블루
빌딩(2006)이 들어섰고, 너무나 거대해 정신이 아득해지는
호텔이 리빙턴에 들어섰고(2005년, 하루밤에 820달러),
또 러들로우에는 호화 아파트 단지가 생겼다(2008). 이는
힙스터의 식민지화에 뒤이어 나타난, 고전적인 의미에서의
파괴적 고급 주택화의 단계였다. 요새 로워 이스트사이드에
있는 카페에 가서 힙스터 코드로 무장한 젊은이들에게 말을
걸면 그들은 부쉬위크나 베드스투이에서 통근을 하고, '그들이
가장 좋아하는 곳'에 가서 커피를 마시거나 커피를 뽑아 가지고
나온다고 말한다. 그런 곳에 가면 뉴욕이 그들이 처음 봤을
때와 다름없이 변하지 않을 것이라고 생각하는 모양이다.
내가 바라는 것은 힙스터들이 그들 외부에 존재하는
에너지의 원천이 무엇이건 간에 그것을 이용해 부단히
239 이용하고 진보하는 가운데, 최소한 백인성에 대한

자족적 태도만큼은 어떻게든 없애나가는 것이다.
혈맹 힙스터들이 흡수하는 '남다른 것'이 트럭커가
아니라, 가상의 야생동물이나 멍키렌치를 휘두르며
자족적으로 사는 은둔자라고 해도 말이다.
오바마 정권과 함께 시작된 희망의 시대에 힙스터의 이런
소비자주의 문화가 잘 살아남아 변모한다면, 그때도 여전히

상품을 사 들인다고 해도 보다 나은 것을 사고 있을 것이다.

남쪽 동네 이야기
: 하시딤[62] vs 힙스터
_ 크리스토퍼 글라젝

"자전거를 탈 때 여성의 외관은 가장 유혹적인 면을
떤다. 자전거 타는 여성의 옷차림에서 스포츠의
표현양식이 애초 물려받은 우아함의 유형과 여전히
엎치락뒤치락하는데, 이 싸움의 결과는 암울한 가학적
특질로, 우아함의 이상적인 이미지는 남성의
세계에 더없는 도발로 비쳐진다.
— 발터 벤야민,《아케이드 프로젝트》중

"이것이 우리의 슈테틀[63]입니다. 우리의
벽은 높아야만 합니다."
— 대랍비 잘멘 테이텔바움, 사트마 하시딕 지도자

---

62 철저히 정통파 유대교의 율법을 따르는 유대인.
63 Shtetl: 과거 동유럽에 있었던 작은 유대인 마을

〈누가 로저래빗을 모함했나〉[64]의 거의 마지막 장면에서 로저와 제시카, 에디는 족제비 떼들에게 생포되어 애크미 공장으로 끌려가고, 영화의 악역인 둠 판사가 등장해 툰 타운 주민들을 모두 말살시킬 계획을 들려준다. 판사의 목적은, 현대 용어를 빌어 말하면 국가 설립이다. 그렇다면 둠 판사의 인종 청소의 수단은 무엇이었나? 판사는 선언한다. '나는 몇 달 전에 위대한 신의 섭리로 시의회의 계획을 우연히 알게 되었다. 바로 방대한 규모의 건설 계획을! 시에선 그것을 고속도로라 부르고 있었다." 1988년, 이 영화가 세상에 선을 보였을 당시, 공공 건설 사업은 국민들의 감탄을 살 힘을 이미 오래 전에 잃은 터였지만, 영화의 배경이 1947년이었기 때문에 둠 판사는 그런 환상 속에서 허우적댈 권리가 있었다. 툰 타운은 산산조각 날 것이었고, 그 하부구조도 '여기서부터 파사데나까지 이어질 반짝이는 8차선 시멘트 도로'에 내어줄 운명이었다.

2008년, 브룩클린의 베이 리지에서 그린포인트를 잇는 22킬로미터—파사데나에서 웨스트 헐리우드까지의 거리와 대략 맞먹는—에 달하는 그린웨이를 준공하겠다는 블룸버그 뉴욕 시장의 공약은 몇 가지 점에서 둠 판사의 계획과 차이가 있다. 둠 판사가

64 1998년, 로버트 저맥키스 감독이 연출한, 실사와 애니메이션을 결합한 코미디 영화.

243

＋ 뉴욕 그린웨이.

기쁨에 겨워 예고한 주유소, 모텔, 패스트푸드점과 더불어
'근사하고도 근사한 전광판!'과 달리, 시장이 반복해
써 먹는 의제는 매끄럽게 빠진 통근거리와 사치스러운
풍경이 두드러진 도시 낙원을 그리고 있다. 최신 유행의
자전거 대여 프로그램이 파리의 정력적인 시장 베르트랑
들라노에Bertrand Delanoë 가 대통령이 되기 위한 청사진을
그리는데 활력을 불어 넣었던 것과 마찬가지로, 뉴욕의
키작은 사내 마이클 블룸버그도 두발 자전거로 환경주의적
스타덤의 최정상에 오르는 신기를 발휘할 예정이었다.
2009년 여름까지, 블룸버그 휘하의 운수부 위원장 재닛
사딕 칸은 뉴욕이 '미국의 자전거 수도'가 되었음에 섣불리,
다소 가당치 않게 의기양양해하고 있었다. 블룸버그
행정부에서 에코토피아 강경파들이 기선을 제압한다면,
뉴욕은 조만간 북유럽의 소수민족 거주도시─암스테르담,
베를린, 코펜하겐─의 주민을 성가신 자전거 벨소리
때문에 노이로제에 걸리게 만들고, 모든 거리를 자전거
독재정치의 인질로 만든 극단론자들에 대적해도
모자람이 없을 자전거 문화를 자랑하게 될 것이었다.
그러려면 우선, 블룸버그부터 재선에 성공해야 했다. 그런데
선거 몇 달 전, 차이나타운 주민들이 그랜드 스트리트에 준공된

244

65 18세기 초 폴란드와 우크라이나 유대인 사이에 널리 전파된 성속일여
(聖俗一如)의 신앙을 주장하는 종교적 혁신운동.
66 Artisten: 아티스트라는 뜻의 이디시어.
67 하시디즘을 믿는 교도. 뒤이어 나오는 사트마도 같은 뜻으로 사용되고 있다.

자전거 전용도로에 대해 불만을 표하기 시작했다. 그들의 주장은 빠른 속도로 달리는 자전거 때문에 노인 보행자들이 위험해졌다는 것이었다. 하지만 스태튼 아일랜드의 트럭 운전사들이 보여준 반발에 비하면 차이나타운은 양반인 편이었다. 그들은 사라져가는 주차장에 죽치고 있다가 자전거를 타는 사람이 눈에 띄는 순간, 그가 누구건 상관없이 트럭으로 추격을 했다. 그중에서도 가장 격렬한 반대세력은 사우스 윌리엄스버그의 하시디즘[65]을 믿는 유대교 일파인 사트마들로, 최근 베드포드 애버뉴에 생긴 자전거 전용도로 때문에 좋지 않은 일이 일어나고 있다고 불평했다. 교통법규를 우습게 아는 무책임한 사람들이 생겨나고, 히브리어가 적힌 스쿨버스에서 내리면 자전거로 붐비는 길을 건너야 하는 동네의 수많은 어린 학생들의 안전이 위협받고 있다는 것이었다. 이디시어를 말하는 사트마들은 이런 천둥벌거숭이 통행자들을 '알시스텐'[66]이라고 불렀다. 그 외의 주민들은 힙스터라고 불렀다.

힙스터들은 사트마들이 골치 아파하는 것에 대해서 나름의 의견을 갖고 있었다. 2003년 초반부터 윌리엄스버그의 하시드[67]들은 맨해튼에 이주해 들어와

집세 폭등과 도덕률 하락에 일조한 이른바 '여피' 인구가
급증하는 것에 항의를 했었다. 지역사회 이사회가 열렸고,
하시드 참여자들은 '이스트 빌리지 확장'이라는 명목 하에
윌리엄스버그 다리 아래에 있는 브로드웨이 주택가의
가격이 상승한 것에 대해 비난했다. 스물한 살의 하시드
출석자 한 명은 '다분히 자유분방한 라이프스타일'에 대해
경고하면서 말했다. '우리 동네엔 유대교도 공동주택과
유대교회와 유대교 병원이 있습니다.' 그러면서 새
이주민들이 '술집과 수영장'을 선호한다는 사실을 지적하고는,
'우리는 좋아하지 않는 것들입니다'라고 말했다. 한
랍비는 새 거주민들의 '도덕성'에 대해 미심쩍어하면서
'우리 아이들에게 해로운 존재'들이라고 말했다.
그로부터 4년 후, 상위 중산층 청년들의 이주로 집값이
오르면서 사우스 윌리엄스버그에 자전거 전용도로가 생겼다.
2008년 9월 8일, 또 다시 이사회가 열렸고, 하시드들은
와이스와 베드포드 애버뉴에 새롭게 설치된 자전거
전용도로를 없애고 켄트 애버뉴의 자전거 도로 준공 일자도
연기하라고 비공식 요청했다. 비록 하시드들의 반대는 자전거
전용도로를 포함해, 다시 한 번 스쿨버스에서 내리는 아동들을
보호하고 주차공간을 확보해야 한다는 몇 가지 이유에 근거한

것이었다. 하지만 이사회 멤버인 사이먼 와이저가 《뉴욕
포스트》지와의 인터뷰에서 자전거 타는 사람들의 옷차림이
거슬린다고 말했을 때, 가장 큰 이유가 드러났다. "저로선
여자들이 그런 옷차림으로 자전거를 타고 이 지역을 지나가는
것이 심각한 문제라고밖에 생각할 수 없습니다." 그는 말했다.
"제 눈에 거슬릴 뿐만 아니라, 다른 많은 사람들의 눈에도
거슬립니다." 이를 계기로 힙스터들은 사트마들의 본색을
알아차렸다. (사트마는 압제자다!) 바로 그 해 여름, 사트마들은
브룩클린 퀸즈 구간 고속도로에서 보이는 전광판에 〈비벌리
힐즈의 아이들〉의 출연배우들이 수영복 차림으로 촬영한
광고가 뜨자 항의를 했다. 이미 2000년대 초반, 〈섹스 앤 더
시티〉 광고에 대해서도 비슷하게 항의한 터였다. 사트마들이
걱정하는 건 안전이 아니라 성적인 위험이었다. 만약 그들이
섹스를 문제 삼았다면 다름 아닌 섹스를 보상 받았을 텐데!
로워 맨해튼의 워스 스트리트 본부를 통해 일련의 사건을
주시하던 시 운수부는 졸지에 적대적인 토착 원주민 부족 둘
사이에서 판결을 내려야하는 식민지 총독 노릇을 하게 되었다.
물론 어떤 엄격한 잣대를 대더라도 윌리엄스버그의 논객 중
'토착민'으로 분류될 사람은 한 명도 없었다. 사트마들이 이주를
시작한 건 1940년대 말이었고 힙스터는 1990년대 말이었다.

실제로 부족이란 건 적어도 일정 정도의 역사와 한 지역에
대한 모종의 심오한 연대감을 공유하기 마련이다. 그래서인지
힙스터와 하시드의 행태가 점차 만화처럼 보이기 시작했다.

개혁유대교 집안에서 성장한 친구가
한 명 있다. 그녀는 자주 자신이 가장 쉽게 어길 수 있는
관습은 동성과의 결혼이나 헤로인 중독이 아니라, 하시드가
되는 것이란 농담을 했다. 사트마는 개종하는 법이 없지만
루바비치 파[68]는 밥 먹듯 개종하기로 유명했다. 최근 수십
년 사이, 미국 내 하시디즘 교도의 수가 이토록 극적으로
늘어난 이유 중의 하나도 과거엔 세속적이었던 유대인
청년들을 찾아 내 개종시킬 수 있었기 때문이다.
여기엔 하나의 논리가 있다. 힙스터와 하시드는 각자 가장
극단적인 때 상대를 견제하는 이교도임을 표방하면서
둘 모두 합심해 부르주아의 현대성을 거부하는 결투를
벌인다. 윌리엄스버그를 각자의 분리론자 유토피아의
개척지로 선택했다는 것이 비난을 받아야한다면
어디까지나 역사의 간계와 L 트레인[69]때문일 것이다.
이런 대칭관계가 우연이라면 정말 대단한 우연이다. 힙스터와
하시드 두 당파 모두 눈에 띄는 헤어스타일과 비일상적인

248

---

68 18세기에 일어난 하시디즘 종교운동 선전에 앞선 사람을 추종하는 일파.
69 뉴욕 고속지하철. 윌리엄스버그와 이스트빌리지를 연결하기 때문에 '힙스터
지하철'로 불리기도 한다.
70 shtreimel: 털가죽의 밴드 장식이 바깥쪽에 붙은, 머리에 꼭 맞는 둥근 모자.
71 payes: 양옆머리를 땋거나 컬을 해서 늘어뜨린 유대교도 특유의 헤어스타일.

복장을 자랑한다. 힙스터의 옷장 속이 끝도 없이 바뀌는
가운데—오늘 트러커 햇, 오버롤, 모자의 턱끈이 유행하면,
내일은 페도라, 점프수트, 뱅 헤어스타일이 유행한다—
바로 옆있는 사트마의 옷장은 70년 동안 요지부동으로,
남성은 흰 셔츠, 바지, 쓰리피스 정장, 슈트라이멜[70] 털모자,
파예즈[71], 여성은 정강이께 오는 드레스와 값비싼 가발로
정리된다. 두 당파 모두 경제적으로 타인에게 의존하기
때문에 (주로 부르주아 청년 계층, 주류 유대인들과 같은)
근친들의 분노를 산다. 힙스터들은 그들의 부모 그리고(혹은)
예술과 비영리 지원 단체의 미움을 받고, 하시드들은
자선단체의 미움을 받고 있다. 윌리엄스버그에 거주하는
하시드 가족 중 삼분의 일에 해당하는 이들이 주머니가
두둑한데도 불구하고 일정액의 국가 보조금을 받고 있다.
두 단체 모두 서구 선진 자본주의 국가에선 이례적으로
설정한 환경 속에서 살고 있다. 힙스터들은 자주 여러 명의
룸메이트들과 함께 살며 광범위하게 다양한 연애 관계나,
걱정될 만큼 플라토닉하게 뒤얽힌 관계들을 적극적으로
영위한다. 하시드들은 거대가족 공동체를 이루고 산다. 사트마
가족의 평균 구성원은 아홉 명이다. 힙스터나 사트마의
아파트 부엌에 접이침대가 놓여 있는 건 흔한 광경이다.

복장은 중세적일지 모르지만 사트마 하시디즘은 상대적으로 최근의 현상이다. 하시디즘에서 파생되어 나온 다양한 일파들—루바비치, 사트마, 벨즈—은 18세기 중반, 신비주의자 랍비 이스라엘 바알 셈 토이가 반스콜라적이고 카발라적으로 개정한 유대교 정교회 성경을 편찬하고 신도들을 이끌기 시작한 때를 자신들의 기원으로 삼는다. 규모가 크고 특히 하시디즘의 양심적인 분파라고 할 수 있는 사트마의 역사는 20세기에 들어 대랍비 조엘 테이텔바움이 개종하면서 비로소 시작되었다(시온주의자 루돌프 카스트너의 사주로 아돌프 아이크먼이 몸값을 주지 않았다면 테이텔바움은 나치의 손에 살해되었을 것이다). 1946년(유대력으로는 5707년) 로슈 하샤나[72]에 수행원 한 명과 뉴욕에 도착한 테이텔바움은 그곳에 유대교회를 설립한 후, 사트마가 태동한 헝가리의 유대인 마을 사투마레[73]의 수도원 지역을 뉴욕에 재창조하는 것을 자신의 사명으로 삼았다. 그리고 털모자, 탈무드 연구, 출산을 의사일정으로 삼았다. 2차 세계대전 이후 식민지에서 불과 열 명의 평판 좋은 신도들과 함께 시작한 사트마는 브룩클린에서 이주민들의 뒷심을 받아 2006년까지 3만5천 명이 넘는 규모로 성장했다.

250 비록 다수의 사트마 지역공동체들이 빈곤에 시달린 건

---

72 Rosh Hashanah 새해를 기념하는 유대교의 4대 절기 중 하나.
73 루마니아 북서부 사투마레 주(州)의 주도.
74 업스테이트 뉴욕에 위치한 작은 동네로, 하시디즘을 믿는 유대인들이 다수 거주하는 곳이다.
75 klezme: 유대인들의 전통 음악 형태의 하나로 바이올린, 첼로, 클라리넷, 둘시머, 아코디온 등을 주로 연주한다.

사실이지만, 윌리엄스버그 사트마 교도들의 경우, 미국의 가장 가난한 동네라고 심심치 않게 호명되는 키리아스 요엘Kiryas Joel[74]의 북쪽 피난처에 사는 같은 신자들에 비해선 형편이 나았다. 또 그들은 부동산 붐이 본격적으로 일어나기 전에 이미 부동산 사업과 함께 다이아몬드 사업까지 끌어들였다. 사트마는 서로 간에 이디시어로 소통했다. 그들이 주로 읽는 주간지인 《데르 이드》 Der Yid 는 5만부의 부수를 자랑했는데, 대략 《런던 리뷰 북스》 London Review of Books 에 맞먹는 수준 (독일 판 《바이스》의 총 부수의 약 절반)이었다. 힙스터 역시 이디시어와 클레츠머[75]처럼 아코디온에 애정을 보인 지 꽤 된다. 최초의 힙스터가 아니라면 적어도 중요한 힙스터가 분명한 프란츠 카프카는 이디시어 연극이라면 사족을 못 썼다. 다른 종파의 분립과 마찬가지로, 사트마들과 힙스터들도 세대 계승에 있어서 단일화를 위해 고군분투했다. 1981년, 마이클 파월이 《뉴욕》지에 카리스마적인 창설자 랍비 요엘의 사망 소식을 전한 후, 사트마들은 요엘의 조카 모세즈 타이텔바움을 최고 랍비 자리에 임명했다. 비록 모세즈는 단 한 번도 요엘의 바람에 부응한 적이 없었던 인물이었지만, 이후로도 사트마 공동체는 계속 성장하고 번영했다. 모세즈의 장남, 아론 타이텔바움은 누가 봐도 아버지의 상속자로

보였지만, 정작 모세가 만년에 이르러 머리에 향유를 부어준
이는 세 번째 아들 잘멘이었다. 아론은 부당하다고 외치며,
사트마의 종교법정인 베이스 딘 평의회를 소집했다. 2006년,
뉴욕 주 연방법원 항소원은 이 내부적 종교 논쟁이 '재판에
회부될 문제가 아니'라는 이유로 중재를 거부했다. 이들만큼
소송을 일삼는 건 아니지만 윌리엄스버그의 힙스터들 역시
집단 간 긴장으로 분열된 적이 있었으니, 노화한 초창기
개척자들이 베드포드 애버뉴에 아동용 부티크를 만들어
상대적으로 젊은 이주민들의 비웃음을 샀을 때였다.

　　　　　공동체가 와해되는 것을 이렇게 두려워하는
와중에, 자전거 전용도로 문제로 대척한다는 소문이 양측
진영을 어지럽게 했다. 힙스터들 입장에선 베드포드
애버뉴에서 검은 모자[76]를 쓴 분노한 행인들이 공격적인 말투로
모멸어린 별명을 부르는 사례가 부쩍 늘어난 것에 분개했다.
비록 이디시어로―힙스터들은 이디시어에 꽤 열광하는 편이긴
했어도, 정작 무슨 뜻인지는 거의 알지 못 했다―모욕을
당하긴 했지만, 자전거족은 그 말을 알아들었다. 온라인
사이클 포럼에서 돌고 도는 괴담 중 하나는 버스를 주차하는
문제로 불만을 표하는 힙스터는 물불 가리지 않고 쫓아가

76 유대교도들을 의미.

불구로 만들겠다고 위협하는 곤봉을 든 버스 운전사 얘기였다. 동네가 갑자기 반힙스터 대량학살로 기울게 된 것이었을까? 그중 정말로 무서웠던 건 '진저 하시드 강간범'이라고 불린 인물에 관한 전설이었다. 성욕과잉의 '아티스트들'에 대한 하시드들의 우려가 힙스터를 괴쩍게 왜곡한 이 일화 덕에 포식자는 먹잇감으로 전락했다. 내용인즉, 동안의 힙스터 미소년이 밤늦게 자신의 월세방으로 귀가했더니, 비대한 빨간머리 유대교도가 옷장 뒤에 숨어 있는 것을 발견했다는 것이다. 하시드 강간범은 소년에게 키스를 하려고 했고, 소년이 거부하기 무섭게 도망을 쳤다고 한다. 알고 보니 이 수수께끼의 인물은 사실 비폭력적이고 소년을 좋아하는 사람으로, 강간범은 얼토당토 않았으며 체면을 깎아먹는 행동 같은 건 전혀 한 적이 없는 인물이었다.

　　　　　지난 11월, 블룸버그는 선거에서 지지율 50퍼센트를 간신히 넘기면서 삼선에 성공했다. 한 달 뒤, 뉴욕시는 플러싱에서 디비전까지, 베드포드 애버뉴에 있는 열네 블록의 자전거 전용도로를 없앤다는 내용의 발표를 했다. 운수부 대변인 세스 솔로모나우는 '이 지역의 자전거 네트워크와 지속적인 조정 끝에 내린 결정의 일환'이라고

말했다. 다른 사람들은 이것이 하나의 보상책으로, 선거 전
날 밤 사트마 지도자들에게 이끌려 맺은 거래의 결과라고
말했다. 솔로모나우는 자전거 족들에게 격려 조로 켄트
애버뉴에 새로 생긴 2차선 통로와 윌리엄스버그 스트리트의
보호방벽을 친 연결차선을 이용하라고 했다. 시장 측 대변인은
이 보충 경로를 '최고급 럭셔리 자전거 통로'라고 말했다.
힙스터는 처음엔 분노했지만, 곧 잠잠해졌다. 시의 결정에
항의하는 뜻으로 베드포드에서 광대들이 이끄는 장례식 행렬을
벌였지만, (자전거 도로의) 승인을 허가해 달라는 것 말고
달리 항의를 표할 말이 없었기에 일반인의 마음을 사로잡지는
못 했다. 광대들은 말했다. "법적 규제를 받은 안전한 자전거
전용도로는 자전거 이용자의 생명을 구하고 거리를 아름답게
하고 지역사회 주민들의 공공 공지의 활용도를 높입니다."
행동을 취한 사람들도 있었다. 그들은 페인트를 가져다 자전거
통로를 다시 칠했다. 첫 시도는 안식일인 11월 27일 금요일에
1, 2차로 나누어 실시되었고, 두 번째 시도는 11월 29일에
있었다. 참가자들은 롤러나 스프레이, 스텐실을 이용해
페인트칠하는 자신들의 모습을 비디오 촬영해 유튜브에
올렸다. 이 비디오는 트레이딩 스페이시즈[77]의 매력적인
254 DIY 방식을 흉내 내고 있다. 비디오 속 힙스터의 주역들은

---

77 Trading Spaces: 2000년부터 2008년까지 미국 티브이에서 방영된
리얼리티 프로그램. 두 이웃이 1천 달러의 예산을 서로의 집을 개조해주는
내용.

손재주도 많고 기운차 보인다. 마지막에 네 장면에 나누어 윤곽이 뚜렷한 흰 색 자막이 뜨면서 비디오는 끝난다.

"우리는 뉴욕 시의 자전거 통행자들입니다. 우리의 메시지는 분명합니다. 우리에게서 자전거 도로를 앗아가지 말아 주세요. / 우리는 베드포드 애버뉴의 이 도로를 사용하고 있습니다. 이곳이 윌리엄스 브리지로 가는 직선 경로이기 때문입니다. / 이곳에 자전거 도로가 있건 없건, 우리는 앞으로도 계속 이 길을 이용할 것입니다. 그러나 우리가 자동차로 인해 더 큰 위험에 처하는 일은 있어선 안 됩니다. / 자전거 전용도로가 존재하는 이유는 안전 때문입니다. 우리는 우리의 안전을 위해 사라진 자전거 도로를 되찾을 것입니다."

여기서 힙스터들은 성인들과 함께 '근거를 활용'하는 십대들의 노력을 빠짐없이 기재했다. 그 전략은 처음엔 안전에 대한 우려를 표하고, 그 다음으로 아이들에게 좋지 않은 판결을 내리는 경우 법을 위반하는 것도 불사하겠다는 의지를 보여주는 것이다.

255 새로 페인트칠하는 작업이 거의 다 끝날 무렵, 사트마

동네의 자경단인 '숌림'이 힙스터들을 만나러 왔다. 그리고 힙스터 반달 족들을 '끌어안았다'. 뉴욕 경찰이 출동했지만, 그날 밤 체포된 사람은 아무도 없었다. 그러나 유튜브에 비디오가 올라가고 사트마들의 항의가 뒤따르자, 결국 페인트칠을 한 퀸 헤치트로프트와 캐서린 피코치가 타인에게 형사상의 피해를 입힌 혐의 및 도로 훼손을 명목으로 기소되었다. 헤치트로프트는 도전적인 거부의 제스처로 자신을 '자조적 유대인 힙스터'라 칭했다. 헤치트로프트와 피코치가 체포되자 갈등의 골은 더욱 깊어졌고, 힙스터들은 예의 장례식 행렬을 감행했던 경로를 따라 이번엔 누드 자전거 보행 시위를 벌였다. 27세의 자전거 메신저인 헤더 루프가 조직한 자칭 '자유의 라이더'라는 단체는 플러싱 애버뉴에 있는 힙스터의 보루인 렉크룸Wreck Room에서 만나기로 결정했고, 속옷만 입고 가슴을 드러낸 채, 모두 자전거를 타고 윌리엄스 다리에 집결하기로 했다. 루프는 기자들에게 '옷을 덜 걸친 여자들 때문에 못 살겠다면 당신들의 성역을 지을 수 있는 업스테이트 같은 곳에 가서 살아라'고 말했다. 그러나 루프가 집결일로 선택한 때는 유독 날씨가 추웠던 한겨울이었다. 참석율은 저조했고, 몇몇이 옷 위에 가짜 고무 가슴을 덧붙이고 나오긴 했어도, 정작 벌거벗고 자전거를 타고 온 사람은 없었다.
그러자 힙스터들은 공청회에 하시드 공동체를 초대했다.
2010년, 1월 25일, 로리머 스트리트의 '피트의 캔디가게'에서
공개 토론회가 열렸다. 가게는 중립적인 곳이라고 말하기
힘든 곳이었다. 참석한 사트마 쪽 인물이 운동가 아이작
에이브러햄과 다른 두 명의 조수들, 이렇게 단 세 명뿐이었던
것도 그런 이유에서였는지도 모른다. 마이클 이도프가
《뉴욕》지 기사에 보고한 그대로, 자전거 보행자 지지자들이
압도적으로 많은 군중들 가운데에서 에이브러햄은 주눅 드는
법 없이 소신을 가지고 경멸해마지 않는 속도광 악마들을
질타했다 (연설 중간에 자신의 아내가 뺑소니 자전거의
피해자라는 사실을 밝혔다). 이에 힙스터들은 예의 곤봉을 든
버스 운전사 일화를 포함해, 그들이 겪은 괴담으로 받아쳤다.
어느 시점에서 화가 치민 에이브러햄은 물었다. "그러니까,
여러분들의 논지는 내가 지역공동체로 되돌아가서 '그 길은
그 사람들 것이고 그렇지 않으면 고속도로입니다'라고 통보
받았다고 말하라는 겁니까?" 이 말에 공식적으론 공명정대한
사회자는 이렇게 소리쳤다. "고속도로가 그 사람들 길이다!"
공청회 이후 프리윌리엄스버그닷컴freewilliamsburg.com의
257 한 블로거가 에이브러햄은 진심으로 보행자들의 안전에

대해 우려를 표하는 것 같았고, 힙스터가 평정을 되찾기를
촉구하고 있음을 인정했다. 공청회가 열리는 동안 운송
대안 모임의 운동가 캐롤린 샘포나로는 자전거 통행자와
보행자 모두 '멋진' 사람들이라고 말하며 '함께 모색을 해
나갈 일이지 서로 대척해선 안 된다'는 점을 강조했다.
하나가 되기 위한 그녀가 제시한 해결책 혹은 시도는
'인사하는 수요일'을 제정하자는 것이었다. 그 날, 자신은
통근 시간대에 논쟁이 되고 있는 구역을 일단의 힙스터들과
자전거를 타고 가면서 '안전과 도덕성을 고취시키고'
또 '긍정적인 공동사회의 분위기'를 조성하는 의미로
하시드 보행자들에게 손을 흔들며 인사하겠다고 했다.

이 드라마에서 라 멜린체[78]같은 인물로,
힙스터와 하시드 모두의 요구뿐만 아니라, 무엇보다 언론의
요구에 부흥해 발언한 사람이 바루크 허츠펠트였다. 38세의
타락한(?) 사트마인 허츠펠트는 '트라이프 바이크 게셰프트'란
상호의 중고 자전거 상점—율법을 준수하지 않는 상점—을
운영하고 있다. 허츠펠트는 중재자로서 익히 알려진 그의
명성 덕에 '피트의 캔디 가게' 공청회에서 사회자의 한
사람으로 참석했다. 그는 사트마 후원자들에게 할인한 가격에

---

78 La Malinche: 스페인 정복자 코르테스를 도와 아즈텍을 멸망시킨 여성으로,
남아메리카 에서는 역사적 배신자로 여기고 있다.

자전거를 팔았지만, 자전거 전용도로 논쟁 때는 힙스터들 편에 섰다. 어느 정도로 관여했는지는 확실하지 않지만, 페인트칠 행사의 '비공식 대변인'으로 알려져 있었다. 허츠펠트의 '게셰프트'에서 몇 블록 떨어진 곳에 역시 '트라이프'라는 상호의 돼지고기 요리 전문점이 있는데, 힙스터는 물론, 하시드에게도 몰래 케이터링 서비스를 한다. 진짜 힙스터들이라면 율법을 준수하는 모퉁이의 조제식품 가게 '고틀리엡'을 더 좋아할 것이라는 것은 쉽게 예상할 수 있다. 《월스트리트 저널》에서 힙스터와 하시드가 서로를 상업적으로 이용하는 것을 고찰한 기사를 게재한 적이 있었다. 모터사이클로 질주하는 것이 취미인 25세의 한 신탁 자금 관련업 종사자는 고틀리엡엔 '훌륭한 음식, 적절한 가격, 아이러니 등 없는 게 없다'고 말했다. 사트마의 소호라 할 수 있는 리 애버뉴에서 사람들은 끼리끼리 다니고, 아이들은 종종걸음을 치다 가끔 멈춰 서서 꼭 붙어 있는 엄마들을 잡아당긴다. 이 동네엔 잘 구획된 놀이터가 여기저기에 있다. 어린 사트마 소년 소녀들은 그곳에서 뛰어 다니고 놀이를 하고 소리를 지르고, 그리고 스쿠터부터 짐마차, 자전거, 세발자전거까지 다양한 탈것을 탄다. 시장의 기갑부대가 훈련 중인 것이다.

봄이 오자 냉전이 와해되기 시작했다. 5월에 선댄스는 뉴욕에서 〈홀리 롤러스〉Holy Rollers 시사회를 개최했다. 제시 아이젠버그가 연기하는 윌리엄스버그 출신의 하시드는 대서양의 마약사업에서 밀매자로 일하게 된다. 힙스터는 아이젠버그의 역할이 전에 노아 바움백의 〈오징어와 고래〉Squid and the Whale에서 연기한 유대인 청소년과 상당 부분 닮은 구석이 있다는 사실을 알아 차렸다.

2010년 6월 27일, 뉴욕시 교통운수국은 뉴욕 지하철 노선을 대대적으로 개선하는 법을 제정했다. 확실치는 않지만 아이젠버그의 하시드 데뷔작에 등장한 동네를 위한 것이란 암시를 풍겼다. 한때 하도 느려서 조만간 폐지될지 모른다는 소문이 돌았던 M트레인은 V라인까지 합병해 사우스 윌리엄스버그에서 소호와 웨스트 빌리지, 미드타운까지 통과하는 승자로 거듭났다. M트레인 이용자는 수만 명에 달하고, 지금은 사라진 베드포드의 자전거 전용도로엔 오늘도 수백 명의 사람들이 오가고 있다. 역사적으로 어느 정도 재량 있는 힙스터는 언제나 사우스 윌리엄스버그를 힙스터의 유행을 따르는 북쪽 사촌이라 즐겨 말했다. 일정 정도 재량 있는 맨해튼

260 사람이라고 해봤자 백년 역사를 자랑하는 '피터 루거' Peter

Luger에서 저녁을 먹을 때 말고는 사우스 윌리엄스에 간 적이 없겠지만 말이다. 이제 윌리엄스버그의 남쪽 동네 거주자들—힙스터 순수주의자들과 사트마 교도들은 격리되는 것엔 이골이 난 존재들이다—은 곧 자신들이 사는 동네가 세계에서 가장 크고 가장 탐욕스러운 도시에서 최신의, 가장 편리하고도 물가가 저렴한 곳이 되는 것을 보게 될 것이다. 그렇게 된다면 그저 아낌없이 즐기면 될 일이다.

옮긴이의 글

신세기식 반문화인가, 글로벌상업주의의 (백인) 귀요미인가
– 힙스터 문화를 둘러싼 흥미롭고도 진지한 소고

> 당신이 콜드플레이 같은 록밴드를 좋아하는 것을 알면
> 힙스터들은 코웃음을 칠 것이다. 그들은 당신이 한
> 번도 들어본 적도 없는 영화의 인용구를 실크스크린한
> 티셔츠를 입고 …… 카우보이모자에 베레모를 여봐란
> 듯 쓰고 다니면서, 칸예 웨스트가 자기들이 원래
> 쓰고 다녔던 선글라스를 훔쳐갔다고 생각한다.
> _ 댄 플레처. 2009년 11월 1일《타임》
> 기고 컬럼, '힙스터' 중.

> 힙스터주의는 처음부터, 그리고 지금도 거의가
> 백인들(중에서도 가장 하얀 백인)의 영역이며,
> 힙스터주의의 시종들은 문화상품점을 습격해
> 용해되지 않은 모든 민족성을 도가니에

263

넣어버린다. 가령, 게이 스타일을 탐하는
힙스터들이 그렇다. 메트로섹슈얼리티라는
이름의 문화적 트림burp 현상을 보라.
_ 크리스찬 로렌첸, 《타임아웃뉴욕》 칼럼 2007년
6월호 '힙스터가 죽어야만 하는 이유' 중

문화소비에서 자본의 총량에 따른 주요 대립은 소비형태
사이에서 나타난다. 즉 하나는 희귀하다는 이유만으로
탁월한 것으로 지정되는 소비로서 경제자본과 문화자본이
모두 극히 풍족한 분파에 의해 이루어지고, 다른 하나는
쉽게 손에 넣을 수 있고 평범하기 때문에 사회적으로
통속적인 것으로 간주되는 소비로서 위의 두 자본이
가장 심하게 박탈당한 분파에 의해 이루어진다.
_ 피에르 부르디외 《구별짓기: 문화와
취향의 사회학》 중에서

세상에 수많은 음악장르들이 존재하는데 왜
모두들 너바나Nirvana에 열광하는 걸까요?
커트 코베인: 모두들 힙hip해지고 싶어 하니까요.

_ 1991년 너바나 MTV인터뷰

홍대나 신사동 가로수길을 걷다보면
으레 보았을 것이다. 피골이 상접한 몸에 레깅스처럼
다리의 윤곽을 그대로 드러내는 스키니진에, 듣도 보도 못한
문구가 프린트된 요란한 티셔츠에, 페도라를 눌러 쓰고
스마트폰으로 누군가와 통화 하며 지나가는 젊은 남자를.
아니면 할머니가 입으셨을 듯한 복고풍 홈스펀 카디건이나,
〈친절한 금자씨〉에서 이영애가 입었던 물방울무늬 원피스에
컨버스 올스타 운동화를 신고, 얼굴을 반 이상 가리는
레이밴 선글라스를 쓴 젊은 여자는 어떤가. 그들은 필시
인도 풍으로 인테리어가 꾸며진 노천카페에 앉아 에딩거나
런던프라이드를 마시며 김정미나 아케이드 파이어와 애니멀
콜렉티브와 론리 아일랜드와 UV프로젝트 같은 음악과
〈다즐링 주식회사〉〈주노〉〈이터널 선샤인〉 같은 영화를
좋아할 것이다. 픽시 자전거를 끌고 있다면, 필시 근처에
부모님의 도움을 받아 얻은 원룸에서 월세로 살고 있을 것이다.

한 번이라도 이런 젊은이들을 보았다면,
2000년대부터 2010년까지 '힙스터'라는 이름으로 불린(사실
지금도 불리고 있는) 미국 청년문화의 현주소가 결코 남
이야기가 아님을 알 것이다. 그들을 바라보며 혀를 찼건,

매혹되었건 상관없다. 다시 말해 세련된 취향을 결정하는
건 변별적이고 무엇보다 친자본주의적인 소비태라고 믿는
한심한 세대라고 생각했건, 혹은 글로벌한 문화 네트워크를
통해 다분화된 욕망을 적극적으로 실천하는 세대라고
생각했건, 이 책은 그런 막연한 인상 혹은 비판에 대한
보다 풍부한 이정표로 가득한 맵을 제시할 것이다. 맵을
따라가다 오히려 더 길을 잃을 수도 있다. 그러나 그때
거리에서 본 소년, 혹은 소녀가 특정한 세태로 단절된 존재가
아닌, 매우 오래되고도 복잡한 역사적, 심지어 인류학적인
과정의 산물이라는 것을 체감하게 될 것이다. 무엇보다,
연령과 계층과 국적과 인종과 무관하게 모두가 얼마간 그
과정을 거쳤거나 거치거나 거칠 것임을 알게 될 것이다.
그래서 이런 보편적이고 문제적인(?) 청년세대에 대한
가감 없는 문화탐방을 위해 동세대 '거리의 문화사회학자'들이
나섰다.

　　　　　최근 가장 눈에 띄는 하위문화인 '현대
힙스터'에 대한 다각적인 소고를 담고 있는《힙스터에
주의하라》는 힙스터의 메카(?) 뉴욕을 근거지로 한 계간 비평지
《n+1》이 2004년에 출간한 문화비평서이다. 공저자인

마크 그리프, 크리스찬 로렌첸 등이 기고자로 몸담고 있는 잡지《n+1》은 삼십대 아이비리그 출신들이 주축이 되어 2004년에 창간되었고 웹진과 출판물 모두를 발행하고 있다. 주로 미국 사회, 정치, 문화 전반에 대한 문화사회학적 비평과 함께 에세이, 시, 단편 등의 문학과 문학 리뷰를 소개하되, 아카데믹한 논지나 전문적인 비평적 제스처를 의식적으로 거부한다. 1990년대 한국에서도 유행했던 잡지들이 연상되기도 하는데, 뉴욕의 새로운 지성주의로 각광받는 동시에 비판도 만만치 않게 받고 있다. 먼저, 프랑크푸르트학파나 부르디외로 위시되는 사회학과의 긴밀한 연계성 때문에 자가당착적이란 지적도 있고, 허세적인 '힙스터 저널'이라는 지적도 있다.

　　　　《힙스터에 주의하라》의 발단은 '심포지움' 편에서 보듯 2009년 4월 11일, 뉴욕 대학의 베라 리스트 센터에서, 175명의 청중들을 상대로 열린 문화토론에서 시작되었다. '현대 힙스터'의 흥망성쇠를 이야기하며, '경멸이나 향수 없이' 힙스터 문화를 논하고자 하는 이들의 노력은 회의록 형식으로 기록되어 실렸으며, 이외에도 제니퍼 봄가드너, 패트릭 에반스, 마고 제퍼슨 등의 비평가들이 참여해 다각적으로 힙스터 문화를 조망하고 있다.

　　　　한국에선 아직까지 다소 생소한 감이
없진 않지만 사전적 의미로 '최신 정보통, 유행을 선도하는
사람'이라는 힙스터는 미국 문화사에서 긴 변천사를
자랑하는 청년 하위문화로 적잖이 복잡한 사회학적 맥락을
품고 있다. 최초로 힙스터란 말이 등장한 건 1940년대에
크게 유행한 비밥 재즈에 경도된 팬들이 재즈 뮤지션의
라이프스타일(패션, 슬랭, 마약, 냉소적인 유머, 자처한 가난,
자유분방한 성생활)을 일상에서 적극적으로 영위하면서였다.
이후 힙스터는 비트닉, 히피 등의 반문화를 적극적으로
지지하고 향유하는 젊은이들을 일컫는 말이 되었다.

　　　　힙스터가 현대 문화사에 다시 대두된
데에는 1990년대 초반 록 밴드 너바나가 언더그라운드 문화의
소산이었던 그런지를 주류에 부상시킨 것이 초석이 되었을
것이다. 새로운 세대가 제시한 대안적 문화로 여겨졌던
그런지는 펑크의 원시적인 에너지를 끌어들인 거칠고
다듬어지지 않은 음악적 특징 외에도, 낡은 플란넬 셔츠와
찢어진 청바지, 재킷처럼 걸쳐 입은 파자마, 감지 않아 떡진

머리까지, 이른바 '저가형 패션'을 동세대 가장 힙한 패션으로 부상시켰고, 동성애자와 여성의 인권 보호에 적극적이었으며, 무엇보다 상업주의를 혐오하는 제스처를 취했다. 대안이란 말과 함께 '인디'란 말은 이 시대를 통해 '일상어'가 되었다.

　　　현대에 들어와 힙스터란 말이 본격적으로, 빈번하게 쓰인 것은 1999년으로 이야기된다. 그리고 보다 복잡하고 미묘한 양상을 띠게 된다. 사회학자 리처드 로이드가 고찰한 바에 따르면 고급 술집이나 커피숍에서 일을 하던 아티스트 지망생으로 구성된 이른바 '네오 보헤미아'가 1999년 힙스터의 출현을 가능케 했다. 한 마디로 인디 예술 혹은 대안 문화의 생태가 바뀐 것이다. 뉴욕 로워 이스트사이드와 시애틀의 캐피톨 힐과 LA의 실버 레이크를 중심으로, 네오 보헤미아의 친소비적인 문화와, 부유한 신흥 청년계층의 새로운 인디 문화를 바탕으로 1999년부터 '힙스터'란 말이 본격적으로 대두되기 시작한다. 주로 도시 중산층 청년들을 중심으로 인디록과 인디힙합, 독립영화, 《바이스》와 《클래시》 같은 잡지, 피치포크미디어 같은 웹사이트를 선호하는 특정한 취향이 두드러졌다. 이것이

전지구화와 초고속 인터넷이라는 시대적 매개를 거쳐 전

세계 청년들의 감수성을 자극하며 말 그대로 글로벌한 네트워크를 형성한다. 음악과 패션 외에도 신세기 힙스터 문화는 DIY, 친환경주의, 기술 친화적 원시주의 등의 다양한 문화를 포용한다. 그리고 (네오 보헤미아 때 로이드가 지적했듯 힙스터 역시) 적극적인 소비자본주의를 표방한다. 힙스터가 건설적인 청년문화인가 라는 논쟁이 가장 치열해지는 지점이기도 하다. 또 하나 현대 힙스터가 노골적으로 '양키 백인'의 문화를 표방한다는 점도 논쟁을 격화시키는 원인의 하나다. 다시 말해, 현대 힙스터 역시 흑인 문화를 억압하고 은폐하면서 동경하고 재현하는 아이러니한 포섭의 역사를 밟아온 미국 백인 지배문화의 단면을 낭만화 한다는 비판을 벗어나지 못 한다. 글로벌 네트워크 안에서 변방의 제 3세계도 이런 도용과 재활과 아이러니한 전유의 과정에서 자유롭지 못한 것이 사실이다.

경멸과 향수, 진정성과 아이러니, 제국주의와 탈식민주의의 의미망으로 복잡다단하게 얽키고 설킨 현대 힙스터 문화에 대한 거의 모든 문제의식들을 《힙스터에 주의하라》에서 소상하게 찾아볼 270 수 있다. 그러나 견고한 결론은, 없다. 주변부에서의 끝없는 고찰만이 있을 뿐이다. 아마도 이것이 뉴욕에서는 1년 전에 끝났다는, 혹은 아직도 계속되고 있는 힙스터 문화에 대한 가장 솔직한 증언일지도 모른다. '심포지움'이 휴정 상태로 끝을 맺었듯, 여전히 변모 중인 이 문화에 대한 어떤 확언도 왜곡이나 편견으로 기우는 것 같다.

생각해보면 모든 하위문화, 반문화의 역사가 그랬다. 반동과 포섭이라는 끝없는 굴곡의 역사 속에서 으레 중심에서 들려온 이야기는 경험에 근거하기보다는 보도에 가까운 것이 많지 않았나. 그런 의미에서 중심이 아닌 주변에서 주체뿐만 아니라 적대적 타자의 입장에서 경험한 것을 비교적 자유분방한 언어 속에 풀어놓고 있는 이들의 시도는 신선하면서도 의미가 크다. 무엇보다, 아직까지 완전하게 담론화 되지 못한 채 좌충우돌하는 우리네 청년문화를 빗대어 가늠하기에 쓸만한 잣대를 제공한다는 점도 간과하기 힘들 것이다. 《힙스터를 조심하라》가 한국 신세대 청년문화를 근원적으로 되짚어볼 수 있는 작은 역할을 해 내길 기대해 본다. 끝으로 좋은 기회를 주신 마티출판사에 감사드린다.

이 책에 도움을 주신 분들

*제네퍼 봄가드너Jennifer Baumgardner: 뉴욕에서 비평가로
활동하고 있으며 저서로 《마니페스타: 젊은 여성, 여성주의,
그리고 미래》 *Manifesta: Young Women, Feminism, and the
Future* (공저), 《낙태와 삶》 *Abortion and Life* 등이 있다.

*제이스 클레이튼Jace Clayton: 《n+1》, 《페이더》 *Fader* 등에
기고하고 있으며, DJ/rupture라는 이름으로 더 유명하다.
최근에 〈솔라 라이프 레프트〉Solar Life Raft 앨범을 발표했다.

*패트라이스 에반스Patrice Evans: 'The Assimilated Negro'
블로그 운영자로, 조만간 현대의 인종주의를 다룬 책 《블랙
이즈 더 뉴 블랙》 *Black is the New Black*을 출간할 예정이다.

*크리스토퍼 글라젝Christopher Glazek: 《뉴요커》에
실린 기사의 진위를 확인하는 일을 있다.

*마크 그리프Mark Greif: 《n+1》 편집자이자 뉴욕 뉴스쿨의
부교수를 역임하고 있다.

*롭 호닝Rob Horning : 팝마스터닷컴popmatters.com 블로그의 '한계효용'면을 담당하며《뉴 인콰이어리》 *New Inquiry*의 편집자로 일하고 있다.

*마고 제퍼슨Margo Jefferson: 퓰리처상 비평부문 수상자이다. 가장 최근에는《마이클 잭슨에게》*On Michael Jackson*을 출간했다.

*크리스찬 로렌첸Christian Lorentzen:《뉴욕 옵저버》*New York Observer*의 편집장이다. 과거에《n+1》에 영화비평칼럼을 기고하기도 했다.

*로버트 무어Robert Moor: 뉴욕에서 글을 쓰며 생활하고 있다. 그가 쓴 두시백에 관한 에세이는《웨그스 리뷰》*Wag's Revue* 창간호에 실렸다.

*라이드 필리펀트Reid Pillifant:《뉴욕 옵저버》편집자

*다이나 토토리치Dayna Tortorici : 뉴잉글랜드 프로비던스에서 글을 쓰며 생활하고 있다.

참고문헌

Baldwin, James. "The Black Boy Looks at the White Boy", *Esquire*,

    May 1961. Reprinted in *Nobody Knows My Name:*

    More Notes of a Native Son. New York: Dial, 1961.

Bourdieu, Pierre. *Distinction: A Social Critique of the*

    Judgment of Taste. Translated by Richard Nice.

    Cambridge: Harvard University Press, 1984.

Broyard, Anatole. "A Portrait of the Hipster." *Partisan Review*, June 1948.

"Correspondence." *Partisan Review*, September 1948.

Dewan, Shaila K. "With Lights Out, Looters Set Sights on

    Sneaker Shops." *New York Times*, August 18, 2003.

Ellison, Ralph. *Invisible Man.* New York: Random House, 1952.

Frank, Thomas and Matt Weiland, eds. *Commodify Your*

    Dissent. New York: Norton, 1997.

Garnier, Jean-Pierre. *Une violence éminemment contemporaine: Essais sur la ville, la petite bourgeoisie intellectuelle et l'effacement*

des classes populaires. Marseille: Agone, 2010.

Grigoriadis, Vanessa. "The Edge of Hip: Vice, the Brand."

New York Times, September 28, 2003.

Idov, Michael. "Clash of the Bearded Ones." *New York,* April 11, 2010.

Jameson, Frederic. *Postmodernism, or, The Cultural Logic of Late*

Capitalism. Durham: Duke University Press, 1991.

Kneebone, Elizabeth, and Emily Garr. *The Suburbanization*

of Poverty: Trends in Metropolitan America, 2000 to

2008. Washington, DC: Brookings Institute, 2010.

Lacayo, Richard. "If Everyone is Hip ⋯ Is Anyone

Hip?" *Time,* August 8, 1994.

Lanham, Robert. *The Hipster Handbook.* New York: Anchor Books, 2003.

Leland, John. *Hip: The History.* New York: Ecco, 2004.

Lloyd, Richard. *Neo-Bohemia: Art and Commerce in the*

Postindustrial City. New York: Routledge, 2006.

Mailer, Norman. *The Armies of the Night: History as a Novel, the Novel*

as History. New York: New American Library, 1968.

Mailer, Norman. "The White Negro: Superficial Reflections on

the Hipster." *Dissent,* Summer 1957. Reprinted in

Advertisements for Myself. New York: Putnam, 1959.

McInnes, Gavin. "It's Hip to be Square." *The American Conservative*, August 11, 2003.

Perry, Charles. *The Haight-Ashbury: A History*. New York: Random House, 1984.

Powell, Michael. "Hats On, Gloves Off." *New York*, May 1, 2006.

Smith, Greg B. "Owners of Looted Store to Sue City." *New York Daily News*, August 19, 2003.

"The New Conservatives." *Vice*, August 2002.

"Vice Rising: Corporate Media Woos Magazine World's Punks." *NY Press*, October 8, 2002.

Weiss, Bari. "Hasids vs. Hipsters: A Williamsburg Story." *Wall Street Journal*, April 17, 2010.

XXL Staff. "Hipster Boogie." *XXL*, June 2008.

찾아보기

277

278